# L'ontologie du lieu

# Collection Arts & Sciences de l'art
dirigée par Costin Miereanu

Interface pluridisciplinaire, cette collection d'ouvrages, coordonnée avec une publication périodique sous forme de Cahiers, est un programme scientifique de l'*Institut d'esthétique des arts et technologies* – IDEAT, formation de recherche du CNRS, de l'Université Paris 1 Panthéon-Sorbonne, du ministère de l'Enseignement supérieur et de la Recherche et du ministère de la Culture et de la Communication (FRE 3307).

**Institut d'esthétique des arts et technologies**
**IDEAT**

FRE 3307 - CNRS/Université Paris 1
47, rue des Bergers - 75015 Paris
Tél. : 01.44.07.84.65 - Email : asellier@univ-paris1.fr
© IDEAT - CNRS/Université Paris 1 - L'Harmattan, 2010

© L'Harmattan, 2010
5-7, rue de l'École-Polytechnique, 75005 Paris

http://www.librairieharmattan.com
diffusion.harmattan@wanadoo.fr
harmattan1@wanadoo.fr

ISBN : 978-2-296-10339-9
EAN : 9782296103399

Katâyoun Rouhi

# L'ontologie du lieu

Voyage au pays du « non-où »

*Préface de Christian Jambet*

Couverture : Jean-Pierre Dubois, d'après l'œuvre de Katâyoun Rouhi, *Ut poésis pictura*, huile et collage sur toile, 195 x 130 cm, 2007. ©

À Nimâ et Golestân,
et à la mémoire de Geneviève Clancy

# Préface

L'opinion veut que les penseurs de l'islam iranien soient tous semblables à des témoins d'un savoir révolu. Ils sont plus rarement lus en un espace de pensée où ils fécondent une réflexion pleine d'avenir, au même titre que les philosophes occidentaux de l'Âge moderne. Or, s'il est exact de dire qu'une philosophie traditionnelle s'est maintenue, au XX$^e$ siècle, en Iran, sur des modes voisins de ce qu'elle avait connu dans les époques antérieures, – pour l'essentiel le mode du commentaire réglé – il n'est pas moins vrai que s'est progressivement manifestée une audace herméneutique, dont le but est de mettre en contact, mieux dit en correspondance, des disciplines hétérogènes, afin de modifier de façon originale les problèmes de la métaphysique.

Cet ouvrage a pour objet une « ontologie du lieu », ce qui implique déjà un déplacement salutaire, depuis la physique jusqu'à la question de l'être de l'étant. Une telle ontologie, selon son interprète, ne saurait être exempte d'une prise en considération du statut de l'âme, ou du Soi, et ne peut refuser l'interrogation esthétique. Ainsi, les grandes disciplines si vénérables, la cosmologie rationnelle, la psychologie rationnelle et la théorie de l'Art sont-elles mises en relation de correspondance, situées sur le même parcours, traversées de la même interrogation. Le « lieu » est un concept très spécial, puisqu'il n'appartient pas exclusivement à un domaine de savoir déterminé, mais qu'il est au croisement des savoirs les plus hétérogènes, du moins en apparence.

Au départ de la méditation de Katâyoun Rouhi, il y a cette expression utilisée par le grand penseur iranien Shihâboddîn Yahyâ Sohravardî : « le pays du non-où ». Sohravardî en use pour énoncer que l'âme est certes un espace, un pays, ou un lieu, et non pas une simple abstraction. Mais que cet espace est « non-où », car il n'a pas de situation déterminée par les dimensions de l'espace physique cosmique. Le monde de l'âme, en ses caractérisations supérieures, n'est pas un lieu du monde. Pour le dire d'une autre manière, les Ishrâqîyûn, les philosophes de la tradition « illuminative » ou « orientale », soutiendront qu'un monde ne saurait être lui-même en un lieu, puisqu'il détermine tout lieu qui lui soit intérieur. Le monde est principe de localisation, qu'il soit sensible, psychique, intelligible ou divin, et non localisation en une limite quelconque.

Il convient donc de se représenter ce que nous appelons « monde » tout autrement que nous le faisons lorsque nous réservons ce concept rationnel au seul cosmos physique. Le cosmos lui-même doit nous inviter à penser le monde comme une totalité infinie, même si sa configuration traditionnelle en physique péripatéticienne lui accorde la limite d'un ciel ultime. De quel type d'infini s'agit-il ? Katâyoun Rouhi a l'audace théorique de mettre en corrélation les réflexions sur l'infini cosmique nées des physiques contemporaines et la réflexion ontologique sur l'infinité intensive du lieu propre à la tradition *Ishrâqî*. Elle brise ainsi un tabou, qui veut que l'on ne fasse jouer un discours que dans le cadre historique de la cosmologie contemporaine à ce discours. Mais qu'est-ce qu'être le contemporain d'une vision de l'espace et du temps ? Par le jeu d'une imagination de l'intelligence, ou d'une intelligence imaginative, la démarche philosophique de Katâyoun Rouhi se délivre d'une telle prescription. Elle peut ainsi nous reconduire aux plus remarquables intuitions des philosophes de l'Iran, Avicenne, Sohravardî, Mollâ Sadrâ Shîrâzî, Qâzi Sa'îd Qomî.

La réflexion sur le « lieu » ne se sépare pas d'une réflexion sur le temps, nous le savons depuis Aristote. L'héritage de Plotin en Iran a profondément nourri cette double réflexion. La théorie des mondes est devenue une théorie des durées et des lieux hiérarchisés, continus, allant du plus dense au plus subtil. Le temps et le « lieu » ne sont pas propres au seul cosmos sensible, mais ils déploient aussi bien les mondes qui sont les foyers de ce monde sensible. Qâzî Sa'îd Qomî explique ainsi, en son ingénieuse analyse de la durée, que le même temps qui, sur le plan sensible, sur mille ans, ne dure qu'un infime espace de temps dans le monde de l'âme, dure moins encore dans le monde de l'Intelligence. C'est le même temps et ce n'est pas le même. Le temps s'involue ou se développe, il se resserre ou il s'épanche, il se concentre ou il se détend, selon que l'on change ou non de « lieu » et de monde, en ascension ou en procession.

C'est une telle intuition qui vaut aussi pour l'espace. L'espace intérieur du « non-où » n'est pas simple privation d'espace, mais un espace d'une autre nature, que l'Art ou l'examen de l'âme peuvent respectivement nous faire découvrir. Il est exemplaire que l'art soit visibilité de l'invisible, non parce qu'il offre une métaphore aléatoire et arbitraire à ce qui n'a point lieu d'être, mais parce qu'il révèle un « lieu » situé en un espace réel, sensible et insensible à la fois. L'art est par essence manifestation de l'apparent. Or, l'apparent est ce qui est le moins accessible aux sens externes, ce que les *Ishrâqiyûn* disaient, lorsqu'ils faisaient valoir que Dieu, l'Apparent par excellence, est aussi, par là-même, le Caché par excellence.

L'exégèse de l'œuvre d'art, en cet ouvrage, nous montre la fécondité d'une ontologie du « lieu » qui ne se limite pas au dilemme : ou bien l'intériorité ineffable, ou bien l'extériorité objective. Katâyoun Rouhi a la conviction que l'Art est une ontologie, et qu'il est, sans doute, l'ontologie par excellence. C'est la force de son très beau livre que de nous livrer la clé d'une correspondance, au sens leibnizien du terme, entre le sensible et l'Être, afin que l'âme devienne cette « âme apaisée, agréante et agréée » qui est le seul paradis dont nous ayons la nostalgie.

Christian Jambet

# Avant-propos

> *Si tu es à la recherche de la demeure de l'âme, tu es une âme*
> *Si tu es en quête d'un morceau de pain, tu es du pain*
> *Si tu peux saisir le secret de cette subtilité, tu comprendras :*
> *Chaque chose que tu recherches, c'est cela que tu es.*
>
> Mowlânâ Djalâl od-Dîn Rumi[1]

Ce travail représente un champ ouvert sur une vaste question qui ne concerne pas seulement l'esthétique, mais s'avère être le fondement de toute approche de la connaissance en ce qu'il implique l'être dans son essence la plus profonde. Aborder le « lieu » en tant que sujet, c'est pouvoir cerner l'endroit où l'indicible de l'acte de création se forme et où l'essence même de cet indicible habite.

Nous avertissons le lecteur sur le fait que cet écrit retrace une quête de l'indicible, qui représente l'essence d'une œuvre ; afin de peut-être saisir le mystère de ce qu'est l'essence de ce même indicible. L'essentiel, comme dans toute quête d'amour, est de se savoir sur un chemin de devenir, sans pour autant prétendre arriver.

C'est de cette manière qu'à travers l'homme, objet de la quête de cette essence dans l'acte créateur, le pont qui relie l'esthétique, la

---

[1]. Mowlânâ Djalâl od-Dîn Rumi (1207-1273), poème extrait de *Rubâï'at*, Paris, Albin Michel, 1987.

physique et la métaphysique se fera tout seul, au fur et à mesure que nous avancerons dans le sujet. Ces trois matières seront constamment en résonance, afin que chacune d'elles puisse être considérée comme « une entrée », dans le sens d'une ouverture pour éclairer le mystère qui entoure l'indicible de l'acte créateur dans l'art.

C'est dans le souci du rapport qui lie l'homme à l'univers sur le chemin de sa quête, et sachant qu'après avoir acquis une connaissance de l'univers dans sa globalité, au titre de macrocosme, on peut étudier l'homme comme contenant de ce même macrocosme, que nous commençons ce travail sur un mode de macrocosme-microcosme, en abordant en premier lieu l'Univers. L'homme, le microcosme, par un processus quasi immanent et par la nature même de son « exister », détient le macrocosme dans sa partie la plus infime, son cœur. Si le lieu dont nous parlons retrouve sa place dans ce schéma, c'est qu'il est sans doute au même moment le hors-lieu qui réside dans l'âme et dont l'âme est issue ; ce hors-lieu qui le représente parvient à être homologué par le cœur, comme l'endroit où l'indicible de l'art habite.

Ce hors-lieu est le non-où dont il est question tout au long de ce travail. Il caractérise dans son sens mystique le lieu comme objet de toute recherche. Il est étymologiquement l'anti-lieu par rapport à la notion aristotélicienne de ce terme, à savoir le lieu comme *situs*. La notion de non-où[2] empruntée à Sheikh al-Ishragh Sohravardi détient la clé de la signification du lieu : Ainsi, il s'affirme comme la véritable demeure de tout lieu. De cette notion, l'on pourra également conclure qu'en fin de compte l'espace physique n'est autre que l'espace intérieur de ce non-lieu détenant l'essence même de tout espace. C'est par cette logique que nous aborderons la localisation de ce lieu-ci à l'intérieur d'un monde quasi inlocalisable, entre le monde sensible et le monde intelligible, évoqué au XIIe siècle par le penseur iranien, et d'où pourraient jaillir les activités de l'âme pensante. Henry Corbin l'a appelé monde imaginal. L'introduction de ce terme au cœur même

---

2. « *Nâ- kojâ- âbâd,* que l'on ne trouve pas dans les dictionnaires persans, Sohravardî l'avait formé à l'aide des ressources de la langue persane pure, sans recourir à l'arabe. C'est littéralement la cité, le pays (âbâd), du non-où (nâ-kojâ)... C'est un "lieu qui n'est pas contenu dans un lieu". » Henry Corbin, *En islam iranien, aspects spirituels et philosophiques IV,* Paris, Gallimard, 1972, p. 378-379.

de l'esthétique sera la preuve de l'importance d'une pensée qui, pour cerner l'indicible de l'art, arrive à affirmer une autre approche de la création artistique dans une esthétique de la révélation.

L'ontologie comme philosophie première est une présence justifiée pour approcher l'espace de celui qui crée, et à travers le pourquoi de celui-ci expliquer peut-être le pourquoi de la création elle-même.

L'essence même de la cause à la représentation étant indémontrable, le « lieu » dont nous allons nous préoccuper sera le résultat d'un voyage, au sens avicennien du terme[3], dans un champ sans bordure et de nature infinie, un chemin émanant d'une demeure informe et appartenant à une essence en devenir.

Le lieu, en tant que « ce en quoi », rappelle par sa nature le mouvement. Et ce mouvement, de par sa propre nature, évoque un aller vers ou un retour au. Il évoque également des notions comme arriver, voyager et partir, même si ce lieu-là ne peut être considéré comme un espace géographique. Par conséquent, le lieu appelle le où. Reste à connaître la destination. Vers quoi instaurer le mouvement qui émane du lieu ?

Le lieu, l'endroit où l'indicible de l'art se forme, n'est autre que la réalité cachée de l'origine qui représente l'essence immanente, perpétuellement en mouvement.

D'après Avicenne, « chacun meut sa sphère d'un mouvement naturel, perpétuel et circulaire, mais dont le moteur est la volonté et le désir d'amour de s'assimiler à l'intelligence parfaitement heureuse dont elle émane[4] ».

La création artistique sous quelque forme qu'elle soit reste un *ta'wîl*[5], au sens étymologique du terme. L'artiste par son œuvre renvoie le contenu de celle-ci à son origine, pour rappeler le sens vrai

---

3. Ce qu'Avicenne appelle « Voyage vers l'Orient », l'Orient dans le sens du levant, est le lieu où l'âme repart vers son origine. « L'Orient, il n'est pas possible de l'atteindre avant l'échéance d'un certain délai, qui seul rendra possible l'exode de l'Étranger vers sa patrie de lumière. », Henry Corbin, *Avicenne et le récit visionnaire*, Paris, Verdier, 1999, p. 50.
4. Henry Corbin, *Avicenne et le récit visionnaire*, op. cit., p. 96.
5. « *Ta'wîl*, c'est étymologiquement faire revenir à, reconduire, ramener à l'origine et au lieu où l'on rentre, conséquemment revenir au sens vrai et originel d'un écrit. », Henry Corbin, *Avicenne et le récit visionnaire*, op. cit., p. 42.

de la chose à représenter. Cette vérité est contenue à l'intérieur de l'œuvre et se présente à la fois en extériorité. « L'art ne reproduit pas le visible ; il rend visible.[6] » L'acte créateur par son essence reconduit l'apparent de l'œuvre à sa réalité cachée. Il amène le non-être à être ; l'œuvre, par l'acte de la représentation, ramène ainsi au lieu premier, et fait en quelque sorte revenir à.

La réalisation de tous ces lieux ne prend sens qu'à partir du moment où un arrangement englobe le néant. Le vide devient espace dès qu'il est rompu par le moindre point. De la même manière, il crée à la fois le mouvement lui permettant d'échapper à ce même lieu pour en concevoir un autre, et le point rompant le rien crée le commencement d'un tout. Ce processus, aussi compliqué qu'il puisse paraître, est l'image même d'une création artistique. Ce lieu serait également l'endroit où l'essence et le sens deviendront Un. Le vide initial est marqué par des images initiales, ce qui implique l'être dans son essence la plus profonde. D'où l'intitulé : Ontologie du lieu.

Nous tenons à signaler une présence importante de la poésie mystique tout au long des chapitres qui suivent ; ceci est dû à la recherche d'une juste résonance entre l'essence des paroles poétiques et le fondement du sujet. Le début de chaque intitulé en est un précieux rappel, comme une percée dans un corps qui offre à le découvrir, afin que l'indicible de l'art reste à tout moment inexpliqué et purement poétique. Ces poèmes ne sont en aucun cas une forme d'illustration de la pensée, mais demeurent au contraire le fondement d'une pensée à illustrer.

Le choix de la pensée visionnaire de Sohravardi, que l'on appelle *la Philosophie Ishraghi*, comme référence majeure de cet ouvrage est un parti pris volontairement subtil par rapport à l'art en général. Ceci tant pour la place qu'elle accorde à l'existence de l'être, le lieu premier de l'essence, que pour le concept qu'elle établit, en rapport avec la lumière, la vue, l'image et le regard au cœur de sa préoccupation philosophique.

---

6. Paul Klee, *Théorie de l'art moderne*, éd. et trad. Pierre-Henri Gonthier, Paris, Denoël, 1964, 1985, p. 34.

Le regard esthétique allant de pair avec la spiritualité, l'univers visionnaire reste en évidence la logique même du sensible et de la sensation. C'est dans le mystère de cette relation que j'espère pouvoir garder ouvert, la question du pourquoi indémontrable de la représentation dans l'art. Peut-être qu'en soulevant la question du spirituel dans l'art, nous parviendrons enfin à toucher l'être dans son sens le plus profond, dans ce voyage hors-lieu qu'il entreprend afin de retourner chez lui.

La base fondamentale de ce travail ainsi que l'ambition à laquelle il pourrait prétendre tiennent au fait d'avoir intégré la notion de monde imaginal comme principe de réflexion dans le domaine de la représentation et de l'esthétique. L'art, pour se distinguer de toutes les activités de l'être en totalité, se trouve confronté à son propre principe, qui ne pourrait être classé que dans ce monde-là, d'où émanent les nobles activités de l'âme pensante.

Sur le concept de monde imaginal, ainsi que sur sa définition, les recherches initiales restent celles menées par le philosophe Henry Corbin. C'est grâce à ses travaux que nous nous efforçons de trouver ce chemin, lequel nous oblige à lui rendre hommage par notre propre travail. Nous prenons le relais de ce qu'il avait entrepris, et souhaitons par ce travail faire partager ses pensées.

# Première partie

## Qu'est-ce que le « lieu » ?

*Sache que le monde est un miroir de la tête aux pieds ;*
*dans chaque atome étincellent cent soleils.*
*Perce le cœur d'une seule goutte d'eau,*
*il en jaillira cent océans purs.*
*Examine attentivement chaque grain de sable,*
*tu y verras une centaine d'Adam.*
*Le moucheron possède autant de pattes que l'éléphant,*
*une goutte de pluie a les mêmes qualités que le Nil.*
*Le cœur d'un grain de blé est identique à cent moissons.*
*Le cœur d'un grain de mil contient un monde.*
*Dans l'aile de moucheron est un océan de vie,*
*dans la pupille de l'œil un ciel infini.*
*Qu'importe la petitesse du grain de blé qu'est le cœur,*
*Il est un lieu où le seigneur des deux univers peut résider.*

Mahmoud Shabestari, La Roseraie du Mystère.[1]

---

1. Mahmoud Shabestari (XIII-XIV[e]), *La Roseraie du Mystère*, (*Golshané râz* ), trad. du Persan par Djamshid Mortazavi et Eva de Vitray Meyerovitch, Paris, Sindbad, 1991.

## Chapitre premier

# L'espace

*En effet le lieu auquel je donne le nom de « cité de Dieu »*
*(Shahr-é Khodâ) est certes le lieu de l'âme,*
*et cependant il ne contient pas l'âme.*
*C'est alors qu'elle ouvrit la porte de mon enchantement secret,*
*et crut comprendre qu'en somme j'étais un niais en amour.*

Rouzbéhan[1]

## La perception du lieu

Le « lieu », tel qu'il sera abordé dans ce travail, ne doit à aucun moment être confondu avec une portion déterminée de l'espace de façon générale et abstraite. Le « lieu » reste l'informe insaisissable de l'être qui contient l'espace tout en en faisant partie. Sa perception aussi bien que son approche passent par des chemins multiples, pour qu'à travers cela nous puissions saisir le comment de son existence, liée à l'essence la plus profonde de l'être, et le pourquoi de son « exister » qui est la raison même de

---

1. Rouzbéhan Shirazî, *Le Jasmin des Fidèles d'Amour* (Kitâb-e Abhar al-âshiqîn), trad. du persan par Henry Corbin, Paris, Verdier, 1991, chap. I, p. 49. Le texte original est publié dans la bibliothèque iranienne (Téhéran/Paris, 1958) dont il forme le volume VIII.

la quête menant l'âme à la rencontre de l'esprit. Pour percevoir ce lieu-ci, et pour le distinguer de toutes proportions limitées ou mesurables, nous allons d'abord tenter d'éclaircir ce que l'on pourrait nommer l'espace.

## Qu'est-ce que l'espace ?

Est-il possible de l'invoquer sans passer par les dimensions géométriques et topologiques ? Est-ce qu'il sera suffisamment défini pour que nous puissions également sentir la spécificité de sa nature sans limite, qui va jusqu'à déborder l'infini et ainsi parler de sa totalité ? Ce qui importe, c'est d'abord le champ qui se constitue dans cet espace du nom de lieu, par une structure dimensionnelle et finie, ou dans une construction sans limite de nature infinie. Cette conception nécessite la division de l'espace, qui s'impose dès la constitution de celui-ci. L'espace est créé à partir du moment où un point constitue la face qui par sa nature divisera l'espace. De cette manière, on pourrait affirmer que l'espace existe à partir du moment où il y a division.

Pour comprendre l'espace dans son sens général et pour que le « lieu » dont on parle puisse plus facilement se détacher d'une notion aristotélicienne, nous allons trouver l'inévitable sens qu'Aristote donne au lieu et mieux le contourner ainsi.

« Le lieu d'un corps ne peut pas être autre chose que la partie, immédiatement contiguë à ce corps, du milieu qui l'environne. Un corps solide, par exemple, est-il plongé dans l'eau ? Le lieu de ce corps solide, c'est l'eau qui lui est immédiatement contiguë.../ Cette eau, en effet, est mobile, tandis qu'essentiellement, le lieu doit être immobile. L'immobilité est un des caractères premiers qu'Aristote attribue au lieu. Le philosophe enseigne également que le lieu est le terme fixe permettant de juger du repos d'un corps ou de son mouvement. Il veut en outre que ce lieu entoure de toutes parts le corps qui s'y trouve logé. »[2]

Le lieu tel qu'on l'évoque, tout comme notre univers, est constitué à partir d'un moment donné dans l'espace de l'infini. C'est pourquoi il est la représentation d'une partie de la totalité. Le centre de

---

2. Pierre Duhem, *Le Système du monde, histoire des doctrines cosmologiques de Platon à Copernic*, Paris, Hermann, nouveau tirage, 1988, t. I, p. 197-202.

cette totalité pourrait être imaginé tel un point d'attraction sur une étendue infinie, et de même cet infini qu'on nommera infini initial tel un point sur une totalité, laquelle sera elle-même le centre d'un autre infini, etc. De cette manière, l'espace, au moment où il forme sa surface pour se distinguer de l'infini, crée un lieu sans fin aussi bien dans son rapport avec l'extérieur que dans sa relation avec son centre d'attraction.

L'objet visé sur une face ne sera concevable que si, par la création d'une ligne imaginaire, on le découpe de sa surface (nous y reviendrons). Sur le plan dimensionnel, la surface permettra à un point de constituer la ligne et ainsi de la diviser ; sur le plan imaginaire, elle deviendra point de départ d'un plein dans le vide initial. Par le fait d'être là, cette surface se trouve imprégnée de toutes les potentialités. Elle représente la révélation d'une présence visible.

« L'espace est comme une étendue incommensurable, dont on ne connaît pas le centre et qui se dilate dans tous les sens ; il symbolise l'infini où se meut l'univers[3]. »

L'espace comme endroit de manifestation de tout ce qui est visible restera également la surface réfléchissante de tout ce que l'on ne connaît pas, autrement dit l'invisible. C'est pourquoi, pour comprendre où commence l'univers comme métaphore première de cette face réfléchissante, il ne faut pas oublier que l'espace même dimensionnel, qui reste l'objet de recherche des physiciens, est par sa nature une substance recouvrant l'incommensurable de l'infini pour voiler la face non dimensionnelle qui reste à découvrir.

---

3. Jean Chevalier, Alain Gheerbrant, Dictionnaire des symboles – mythes, rêves, coutumes, gestes, formes, figures, couleurs, nombres, Paris, Laffont/Jupiter, 1982.

## Où commence l'univers ?

> On dit : « La raison universelle possède beaucoup de science. *C'est la raison universelle qui est l'essence de ce monde.* » *Cette raison qui avait la raison, c'était la raison partielle. Quand la raison abandonna la raison, elle devint la raison universelle.*
>
> Rumî[4]

L'idée d'un commencement à l'univers est très récente. Après le règne des idées diverses et fantaisistes sur le monde issu d'un œuf cosmique, d'une matrice primordiale, ou sorti des ténèbres après une bataille cataclysmique, la préoccupation des grandes religions monothéistes a conduit à rechercher une explication unique à l'univers, sans se soucier réellement du moment de son commencement ; hormis à travers les mythes, adhérant à la notion d'une structure cyclique de l'histoire. Dès l'origine, l'homme a ressenti la nécessité d'un principe capable de donner une source unique à l'univers qui l'éloignerait de l'idée d'un morcellement ou d'une division ; ce qui empêcha de ce fait le développement de l'ombre d'un doute autour du néant comme principe de départ. C'est ainsi que Hubble découvre à la fin des années 1920 que l'univers est en état d'expansion globale. On en a conclu que l'univers devait avoir un « commencement ».

« Aujourd'hui, l'objectif réel d'une théorie globale n'est pas seulement d'expliquer la structure de la matière sous toutes ses formes, mais aussi de comprendre le pourquoi de l'existence de cette matière. Pour comprendre ce mystère, nous devons d'abord faire la différence entre l'univers entier, supposé se répandre à l'infini, et l'univers visible qui constitue une partie de cet univers dont la lumière voyage dans le temps depuis le début de l'expansion. On peut envisager l'univers visible comme une sphère, centrée sur nous, d'un rayon approximativement égal à quinze milliards d'années-lumière. Nous ne savons rien de l'univers à l'exception des faits observés dans sa portion visible finie. On ne peut dire, par exemple, si

---

4. Mowlânâ Djalâl od-Dîn Rumî (1207-1273), poème tiré de *Rubâi'yât*, Paris, Albin Michel, 1993.

l'univers entier est fini ou infini à partir des seules observations de l'univers visible[5]. »

L'univers dans son sens infini englobe naturellement les deux sens véhiculés par son propre principe, à savoir l'univers entier et l'univers visible. L'univers dont se préoccupe le physicien ne se limite sans doute pas à l'univers visible comme une portion définie de l'espace ; cette part de réalité renvoie à la réalité le contenant qui y est également contenu.

L'univers visible en tant que position infinitésimale d'un tout pourrait être comparé abstraitement au lieu, le représentant d'un tout visible de nature sans bord. À partir d'un tout initial de taille colossale qui pourrait à nouveau être considéré comme un lieu, on pourrait imaginer cette taille colossale hors taille. On pourrait, autrement dit, lui attribuer juste le rôle de s'annoncer, mais on pourrait aussi bien, dans une tout autre démarche, partir de ce tout visible qui représente − aussi grand soit-il − une taille. Dans les deux cas, l'urgence de la situation provoque un besoin d'unité pour situer le mieux possible la figure ainsi créée sur ce vide qu'on imaginerait de l'ordre de l'infini.

« La taille du colossal n'est pas à la taille de ce qu'il présente et qui est hors taille. Hegel reproche à Kant de partir de la taille et non du hors-taille. À quoi Kant répond en principe que pour penser le sans-taille, il faut que celui-ci se présente même inadéquatement, même s'il s'annonce seulement. Il faut partir du colossal en tant qu'il s'entaille, qu'il enlève sa taille et la découpe sur le profond du sans-taille : il faut partir de la figure et de sa taille[6]. »

La recherche de l'unité dans l'espace est tout à la fois au même rythme que la multiplicité qui l'accompagne, puisqu'elle-même est issue d'un fragment dans la totalité qui représente l'unité initiale.

« En un certain sens, le Cosmos s'inscrit entre le concept de l'unité de l'être en tant que multiplicité dans l'unité, et celui du prototype universel en tant qu'unité dans la multiplicité. Le Cosmos est à la fois

---

5. John D. Barrow, *La grande théorie, Les limites d'une explication globale en physique*, traduit de l'Anglais par Michel Cassé, Loïc Cohen et Guy Paulus, Paris, Flammarion, coll. « Champs », 1996, p. 74. Éd. originale anglaise, *Theory of everything, The quest for ultimate explanation* Oxford University Press, 1991.
6. Jacques Derrida, *La vérité en peinture*, Paris, Flammarion, coll. « Champs », 1978.

contenant parce qu'expression de l'unité de l'être, et contenu parce que manifestation du prototype universel[7]. »

Revenons à l'espace et essayons de l'apercevoir. Nous avons vu que les scientifiques conçoivent l'espace de l'Univers visible comme étant non de l'ordre de la surface, mais plutôt tridimensionnel et sphérique. Pour le symboliser ainsi dans notre imaginaire, concevons aussi cette surface close élémentaire qui représente la sphère en la voyant topologiquement. La nature des rapports structuraux des surfaces d'une sphère persiste à nous faire comprendre que l'on ne peut concevoir l'espace qu'à partir du moment où, par une division de celui-ci ou autrement dit par le choix d'une découpe à l'intérieur de son existence, nous le percevons en tant que tel. Cet espace-ci, même en l'imaginant et lui donnant une forme, devrait être perçu sans bord et donc de l'ordre de l'infini sur l'étendue incommensurable de l'infini.

C'est ainsi qu'on remarque la subtilité d'imaginer un bord entre l'intérieur et l'extérieur d'un espace, et de savoir si on se trouve au-dedans, ou si on fait partie du dehors. Pour comprendre cela, il suffit de découper une bande équatoriale dans la sphère que l'on transforme par une auto-traversée, en une bande possédant deux bords et deux torsions complètes : « Cette bande peut se recouvrir elle-même pour former une bande de Mœbius à deux feuilles, celle-ci est recollée au disque résultant de l'identification des deux calottes polaires par le bord commun. Le plan projectif est donc composé d'une bande de Mœbius et d'un disque[8]. »

Cette expérience nous fait presque entrer dans le domaine du visible et de l'invisible ; ou plus simplement, elle nous prouve que l'intérieur et l'extérieur sont les parties continues d'une même éten-

---

7. Laleh bakhtiar, *Le Soufisme, expression de la quête mystique*, trad. de l'Anglais par Marie-France de Paloméra, Paris, Seuil, 1976, p. 118. Titre original : *Sufi, Expression of the Mystic Quest*, Londres, Thames & Hudson, 1976.
8. « Le plan projectif possède des propriétés fort remarquables : s'il semble pouvoir exister localement un endroit et un envers, cet endroit et cet envers sont en effet partout joignables. Si l'on définit un sens d'orientation par un cercle, orienter ce cercle par un simple déplacement continu voit son orientation inversée. » Voir : Marc Darmon, *Essai sur la Topologie lacanienne, Le discours psychanalytique*, Paris, Association freudienne, p. 175.

due, autrement dit qu'ils n'existent pas en tant que tel. On pourrait par exemple voir à travers la bouteille de Klein que l'extérieur et l'intérieur communiquent sans qu'il y ait une percée ; nous inversons (ou plutôt retournons comme un gant) l'extérieur et l'intérieur par la percée d'un trou sur un tore, et ainsi de suite… Ceci d'ailleurs a été la préoccupation principale des psychanalystes pour expliquer des phénomènes indémontrables de la psyché, et c'est de ces mêmes surfaces topologiques non orientables et sans bord que découle la théorie de non-spécularité de Jacques Lacan. Mais ce qui demeure le plus intéressant à mon avis au cours de ces expériences, c'est que tout espace est un encerclement autour d'un centre qui est lui-même en dehors du reste. Ainsi, on revient encore une fois sur la quête de l'unité qui va de pair avec la conception de l'espace.

## La quête de l'unité

*Mort au minéral, je deviens plante ;*
*mort au végétal, je pris la forme sensible ;*
*mort à l'animal, j'assumai la forme humaine.*
*De mort en mort, je suis devenu moindre ;*
*une fois encore je dois mourir à la nature humaine*
*afin de parcourir les cieux, porté par mes ailes angéliques.*
*Du cœur des Anges il me faut aussi perdre ma place*
*puisque « tout périra à l'exception de Sa Face ».*
*Puis-je m'anéantir ! Les cordes de la harpe*
*me le disent clairement : tous nous retournons à Lui.*

Rumî,[9]

L'image de l'univers d'après la physique contemporaine, selon laquelle la matière est formée de particules et reliée dans l'espace par des forces, donne à penser deux voies d'unifications parallèles, à savoir : un concept d'unité dans la multiplicité, et son inverse qui serait d'unifier les particules de matière et d'unifier les forces qui relient ces particules. En mettant en résonance cette idée fondatrice de la physique des particules de manière provocatrice avec le fondement même de la pensée mystique, nous verrons en effet que le mystique cherche à rassembler toutes les multiplicités en unité.

---

9. Mowlânâ Djalâl od-Dîn Rumî (1207-1273), poème tiré de *Mathnavi*.

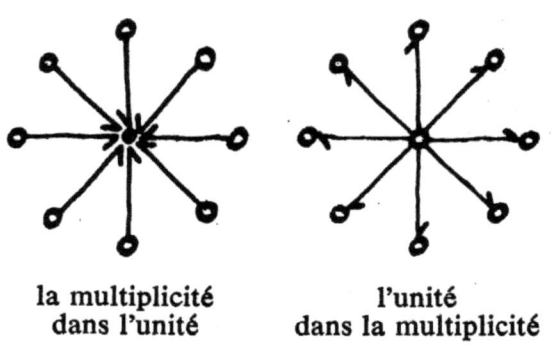

la multiplicité  l'unité
dans l'unité  dans la multiplicité

C'est ainsi que nous arrivons à expliquer toutes causes de l'existence par le biais de son mouvement. L'être dans son essence la plus profonde, par le mouvement qui l'unifie à sa raison d'exister, à partir du moment où il acquiert les qualités requises pour cela, met en marche le processus qui rappellera l'Un dans tout mouvement par nature unificateur. De ce fait, l'espace de ce mouvement paraît inévitablement in spatial.

« Les motions (il s'agit des mouvements des cieux) préparent les illuminations et les illuminations, à leur tour, entraînent de nouveaux mouvements. Mais le mouvement provoqué à la suite de telle illumination doit être autre que le mouvement préparatoire à cette illumination, de sorte que nous n'avons ici aucun cercle vicieux. C'est pourquoi le mouvement ne cesse pas d'être condition de l'illumination, et l'illumination à son tour entraîne le mouvement. Dans leur totalité, mouvement et illumination sont gouvernés par un amour (*éshq*) constant et un désir (*showq*) éternel. Les mouvements se suivent selon une même série continue dans les cieux, comme les lumières advenantes se succèdent selon une même série dans les lumières régentes. »[10]

---

10. Shahab od-Din Yahya Sohravardî, *Livre de la sagesse orientale* (Kitâb Hikmat al-Ishrâq), trad. et notes Henry Corbin, Paris, Verdier, 1986, livre III, p. 175.

## Le lieu sans forme

La non-spatialité de mouvement émanant d'un espace initialement non-spatial fait que la conception d'un lieu tel qu'on l'entend, c'est-à-dire « non plus l'espace dans lequel serait l'Esprit, mais l'espace qui est dans l'Esprit, intérieur à lui-même. », ne peut être conçu que sous l'aspect sans forme de celui-ci. Dans la notion de l'espace qui nous préoccupe, s'agissant de celui qui contiendrait l'essence même de l'être à exister, en se référant à cette phrase de Hallaj qui dit, « Mon essence n'élucide pas *là où* il n'y a pas de *où*. », nous pourrions simplement conclure que l'essence de l'être étant « sans forme », le lieu qui le contient sera par conséquent sans forme.

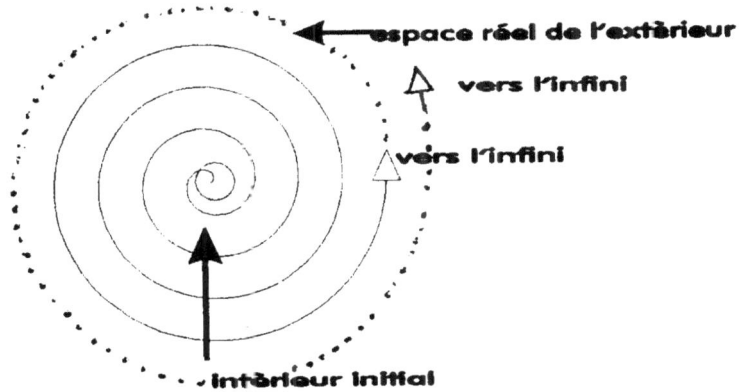

Le lieu, tout en ayant la forme de l'espace qui le contient, ne peut en réalité (par principe et de par sa nature) avoir une forme ; on le crée en fonction d'une image initiale propre à chacun, d'où le rôle qu'il joue pour attirer l'espace réel de l'extérieur qui l'encercle. Or, le processus se fera avec ou sans bord, avec ou sans forme, mais dans tous les cas par ce même principe. Ce même extérieur sera l'espace interne d'un autre lieu, et ainsi jusqu'à l'infini sans que chaque nouvel espace prenne une forme précise. Le schéma présenté ci-dessus montre bien le processus ; mais il ne représente en aucun cas une forme préconçue, puisque comme nous l'avons expliqué, l'image initiale n'ayant pas de forme prédéterminée, tout ce qu'elle engendre et tout ce qui en émane sera par principe sans forme aussi. « À partir du centre, la lumière des lumières émane un premier rayon. Celui-ci se multiplie, de sorte que des cercles de plus en plus larges construisent la sphère autour du centre. Mais représentons-nous que de chaque cercle émanant, directement ou non du centre, d'autres lumières surgissent, non plus dans la direction qui les éloignerait longitudinalement du centre, mais en expansion vers la périphérie. La périphérie n'est autre que le monde des corps, de la Ténèbre. Les Lumières qui proviennent de la hiérarchie longitudinale engendrent un ordre distinct, latitudinal. Il est très difficile de se représenter cette double expansion de la Lumière, qui suit deux directions, comme si l'émanation de chaque intelligence de l'ordre longitudinal entraînait celle d'une multitude d'intelligences de l'ordre latitudinal. Cette bifurcation perpétuelle de la Lumière est la grande originalité du système de Sohravardi[11]. »

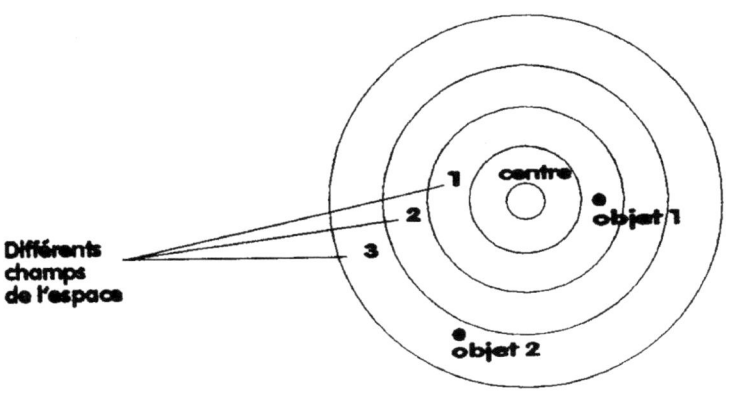

« Le lieu » se crée par la division de l'infini. Dès que le point est conçu, le Un crée l'espace et la qualité requise pour exister. Ainsi, l'univers est centralisé autour d'un point pour s'étendre jusqu'à l'in-

---

11. Christian Jambet, introduction au *Livre de la sagesse orientale* (Kitâb Hikmat al-Ishrâq), p. 20, trad. et notes Henry Corbin, Paris, Verdier, 1986, livre III, p. 175.

fini. On pourrait imaginer ceci par une juxtaposition de plusieurs champs qui portent chacun leurs propres objets ; ainsi en fonction de l'emplacement d'un objet dans les différents champs de l'espace, on peut se trouver proche ou loin du centre, en d'autres termes, se sentir en dehors ou à l'intérieur de l'espace.

Il faut préciser que le centre dont on parle, partant d'un point en tant que déclic de départ, ainsi que l'infini dans lequel on imaginerait s'étendre cet ensemble du corps relatif à l'espace, ne sont que des notions non démontrables et plutôt imaginaires. Ceci se confirme dans les mathématiques sous le concept nommé « l'hypothèse du continu ». L'exigence de continuité engendre une réduction surprenante des possibilités[12].

En mettant en résonance le concept de « l'hypothèse du continu » avec l'idée de l'inspatialité du lieu, nous ne voudrions en aucun cas soulever la vieille controverse entre la continuité et la discontinuité ; il s'agirait plutôt d'approfondir une compréhension de la structure de toute théorie de l'infini dont on pourrait tirer l'idée d'un lieu sans forme.

## L'espace continu et l'espace non-continu

En ce qui concerne l'être humain dans son propre espace, la définition de chacune des notions, par principe non démontrable, selon lesquelles il serait le centre, l'infini, le dehors ou le dedans, est en relation directe avec la constitution qui lie chacune de ces notions avec l'essence la plus profonde de chaque être. Ceci expliquerait comment on peut ne pas concevoir un même objet donné par rapport à quelqu'un d'autre qui se trouverait sur le même champ. La construction du lieu propre de chaque être va même jusqu'à concevoir autrement l'univers dans sa forme la plus totale.

La continuité ou la discontinuité de l'espace de l'être humain est relative à la forme première qui le contient et dont il est le contenant, autrement dit à sa substance. Sans pouvoir percevoir un bord, il faudrait imaginer la totalité de l'espace d'un être en rapport, non pas avec l'infini mais plutôt avec un tout qui pourrait dans son concept

---

12. Pour en savoir plus, voir les travaux de John Barrow, *La grande théorie*, trad. Michel Cassé, Loïc Cohen et Guy Paulus, Paris, Flammarion, 1996, p. 53.

global non seulement contenir ce tout, mais être le pourquoi de la constitution de quelconques éléments dans un même espace. C'est l'être en tant qu'être qui en son unité détient la substantialité.

L'être dans son rapport à l'infini évoque un double mouvement, c'est-à-dire le mouvement qui va de sa substance à l'essence de cette substance. Dans le premier mouvement, on pourrait parler d'une description continue de l'espace, et dans le second d'une description discontinue de celui-ci. L'essence du mouvement paraît ainsi immanente à sa substance.

Le contenu matériel dans l'espace est l'être en mouvement. Le mouvement centripète du cercle du vivant est la garantie de son rebondissement dans son mouvement centrifuge inverse.

Les physiciens étaient les premiers à s'intéresser aux questions concernant les connexions entre le contenu matériel de l'univers et sa géométrie spatio-temporelle. La première, mais aussi la plus fascinante spéculation de ce type, fut élaborée par William Clifford, un mathématicien anglais qui porta son attention sur le même genre de situation qu'Einstein devait élaborer dans sa théorie de la relativité générale. Clifford se rendit compte que l'espace euclidien traditionnel est un espace parmi d'autres et que l'on ne peut plus affirmer que la géométrie du monde réel possède la forme euclidienne simple. Clifford proposa un programme radical, dans son article de 1876 : « 1- Les petites portions d'espace sont, en fait, analogues à des petites collines sur une surface, en moyenne plate ; c'est-à-dire que les lois ordinaires de la géométrie ne leur sont pas applicables. 2- Que cette propriété d'être courbé ou déformé est continuellement transmise d'une portion d'espace à une autre à la manière d'une vague. 3- Que cette variation de la courbure de l'espace représente ce qui se passe réellement dans le phénomène que nous dénommons le mouvement de la matière, qu'elle soit pondérable ou éthérée. 4- Que dans le monde physique, seul se manifeste cette variation, soumise à la loi de continuité[13]. »

Le mouvement de la matière assure l'idée même d'un espace sur le plan dimensionnel, et dans ce mouvement tout à la fois, la matière doit son existence à cet espace continu qui lui permet d'exister. On revient alors à la conception ultime de l'unité de l'être dans l'es-

---

13. John Barrow, *La grande théorie*, Paris, Flammarion, coll. « Champs », 1996, p. 82.

pace, et à la signification propre du cosmos qui contient et qui est contenu. Dans cet ensemble, le fonctionnement est assuré par un double mouvement d'élément matériel, sur différents champs de l'univers en partant d'un point. Chaque élément matériel contient un centre, un point de départ et une atmosphère qui représenterait son espace. Autrement dit, l'être dans un mouvement continu dû à l'essence de son exister, sans être le réceptacle et tout en étant le contenu, assure l'idée même de l'unité dans l'être, et rappelle à la fois l'unique dont il émane.

L'espace intérieur d'un être, le lieu sans forme de l'être, lui permet d'exister sur un plan non-dimensionnel. Il permet le lien entre l'essence et le sens de cette même essence, qui aurait lieu non pas sur le plan imaginaire mais plutôt sur un plan d'imagination active. Les choses et leurs significations seront possibles par le biais de ce lieu.

« L'espace n'est pas le milieu (réel ou logique) dans lequel se disposent les choses, mais le moyen par lequel la position des choses devient possible. C'est-à-dire qu'au lieu de l'imaginer comme une sorte d'éther dans lequel baignent toutes les choses ou de le concevoir abstraitement comme un caractère qui leur soit commun, nous devons le penser comme la puissance universelle de leurs connexions[14]. »

---

14. Maurice Merleau-Ponty, « *L'espace* » *dans la Phénoménologie de la perception*, Paris, Gallimard, 1989.

## L'infini

> *Le non-être est un miroir, le monde une image,*
> *et l'homme est l'œil de l'image dans laquelle*
> *la personne est cachée. Tu es l'œil de l'image,*
> *et lui la lumière de l'œil. Qui n'a jamais vu l'œil*
> *dans lequel toutes choses sont vues ? Le monde*
> *est devenu un homme, et l'homme un monde.*
> *Il n'est pas de plus claire explication que celle-ci.*
> *Quand on regarde attentivement dans la racine*
> *de la matière, il est à la fois ce qui est vu, l'œil*
> *qui voit et la chose vue. La sainte tradition*
> *déclare ceci et l'a démontré, sans œil ni oreille.*
> *Il « est » parce qu'il est au-delà de tout.*
>
> Mahmoud Shabestari – *La Roseraie du Mystère*.[15]

Nous avons tenté de démontrer, à travers l'expérience scientifique, que l'infini n'existe qu'à partir du moment où le concept de celui-ci concorde avec la réalisation d'un concept continu. L'infini est par son essence même indémontrable. Il est le représentant de tout aboutissement d'un champ intérieur réel qui tend à atteindre l'envers des choses, ou qui tend à accéder à l'au-delà. Cette forme existe dès le moment où on fait appel au point de départ, dès que l'espace est conçu. Dès que l'être vient à exister, l'infini existe. Il est la raison même de l'existence de l'espace ; de l'existence dans l'espace.

Les travaux de Pascal sur l'analogie demeurent les plus intéressants dans ce domaine.

« Pascal identifie dans un premier temps l'infini et Dieu et les différencie ensuite afin d'ôter toute possibilité de connaissance de Dieu, car si nous ignorons la nature de l'infini (il n'a pas de bornes), nous en connaissons l'existence (il est étendu comme nous)[16] ».

Ceci rappelle la notion de l'infini dont on a parlé auparavant, celle qui fait exister le tout, et relie ainsi la notion du macrocosme au microcosme. La relation entre la continuité et la discontinuité de l'espace passe par ce même concept, de sorte qu'on ne pourrait plus se passer de celui-ci en tant qu'élément conducteur, ce dernier étant dépendant du fonctionnement d'un élément matériel conducteur

---

15. Mahmoud Shabestari, *La Roseraie du Mystère, op. cit.*
16. Pierre Guenancia, *Du vide à Dieu. Essai sur la physique de Pascal*, Paris, François Maspero, 1976, p. 306.

singulier à son tour. Ce jeu de continuité et de discontinuité se propage à l'infini dans l'espace de ce même infini.

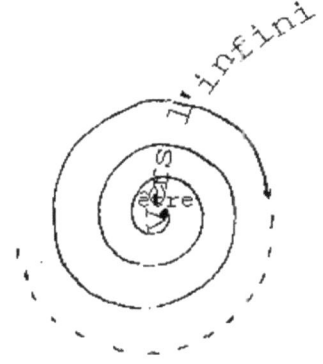
L'être en quête de soi

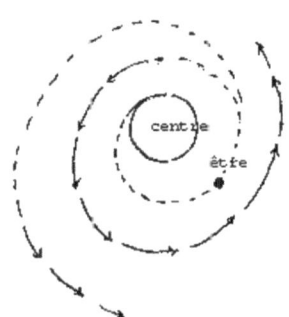
L'être venant de son centre et allant vers le centre de l'infini

Le travail sur l'infini relevé par C. G. Jung à travers les Mandala pourrait apporter quelques éléments complémentaires. « Mandala est un mot sanskrit qui signifie cercle. Ce terme indien désigne des dessins rituels de forme circulaire. Il existe de nombreuses variantes du motif, mais toutes reposent sur la quadrature du cercle. Leur motif de base est l'intuition d'un centre de la personnalité, pour ainsi dire d'un point central à l'intérieur de l'âme, à quoi tout se rapporte, par lequel tout est ordonné, et qui représente en même temps une source d'énergie. Ce centre n'est ni ressenti ni pensé comme étant le moi, mais, si l'on peut dire, comme étant le soi. [17] »

L'être est, et dès ce moment il se situe sur le champ circulatoire d'une quête continue à travers un circuit tracé non continu dans l'espace de son être. L'ensemble de ce mouvement est à la fois en orbite par rapport à un centre qui se centrifuge et se centripète à l'infini pour l'accomplissement d'un champ propre appelé « lieu ».

---

17. Carl Gustav Jung, *Psychologie et orientalisme*, trad. de l'allemand par Paul kessler, Josette Rigal et Rainer Rochlitz, Paris, Albin Michel, 1985, p. 69. Éd. originale allemande, *Gesammelte Werke* vol. IX, X, XI, Walter Verlag AG, 1971, 74, 76.

Si on est arrivé à peu près à définir ce qu'on entend par « lieu », ceci ne devrait pas se confondre avec un espace conçu, ou étant l'endroit à concevoir, puisque ce lieu est concevable à partir du moment où le point est conçu.

## La forme du lieu

> Lorsqu'il voulut ouvrir aux esprits des gnostiques
> avec la clef de ses Attributs, le trésor de son essence,
> la théophanie par laquelle il se manifesta
> à eux eut comme forme la beauté de l'amour...
> Cependant, lorsque de par la beauté il manifeste la sublimité,
> il n'y a plus ni amour ni amant,
> parce que l'amour est le lieu de l'anéantissement mystique
>
> Rouzbéhan[18].

Étant passé par la définition d'un lieu « sans forme », nous voulons maintenant définir sa forme pour pouvoir mieux le cerner en tant que matrice immatérielle, tel qu'il est abordé chez Platon dans son discours de Timée. Pour Platon, ce vaste sujet de « *to edron* » concerne directement le lieu sous le titre de « *Khorâ* », place, emplacement, région, ou contrée, et renvoie directement à ce réceptacle de nature interne qui contient le dehors et y est à la fois contenu.

« Nous avons jusqu'à présent distingué le modèle intelligible et toujours le même, et la copie visible et soumise au devenir. Il faut y ajouter une troisième espèce qui est comme le réceptacle et la nourrice de tout ce qui naît. Les quatre éléments se changent sans cesse l'un dans l'autre ; mais ce en quoi chacun d'eux naît et apparaît successivement pour s'évanouir ensuite, c'est quelque chose qui demeure identique, une forme invisible qui reçoit toutes choses, sans revêtir elle-même une seule forme semblable à celles qui entrent en elle, et qui participe de l'intelligible d'une manière fort obscure, saisissable seulement par une sorte de raison bâtarde. On peut l'appeler le lieu[19]. »

---

18. Rouzbéhan, *Le jasmin des fidèles d'amour*, par Henry Corbin, Paris, Verdier, 1991, chap. XXXII, p. 265.
19. Platon, « Timée » extrait de *Sophiste, Politique, Philèbe, Timée, Critias*, Paris, Flammarion, 1969, p. 380.

La notion de cette matrice immatérielle chez Platon, l'énergie essentielle qui parcourt la matière, est transmise aux phénomènes comme mouvement et prend sa visibilité au moment où nous admettons que cet endroit reçoit d'abord pour donner lieu ensuite, et ne peut surtout pas être imaginée sous quelque forme que ce soit. Le lieu est une pure essence, antérieure aux deux niveaux de l'universelle logique du concept et du singulier de la perception sensible. Comme le saisit clairement Henry Corbin, « Ce qu'elle est ne peut avoir de forme d'apparition qu'au niveau du *mundus imaginalis* dont l'organe de perception est l'imagination métaphysique[20] ». Identifier la forme d'une pure essence est en effet affaire d'imagination métaphysique, à distinguer absolument de l'imagination qui n'a rien à voir avec notre lieu qui reste concrètement l'empreinte d'une nécessité ontologique.

Pour imaginer l'univers, on était parti de la sphère, et pour cerner l'espace de l'être, on avait imaginé le centre et le mouvement circulatoire. Le cercle réceptacle est donc inévitable. Ainsi quand on dit que le lieu n'a pas de forme, on l'imagine malgré tout comme une forme de matrice qui contient. Il reçoit des formes et par conséquent leur fait de la place, d'où cette forme imaginaire féminine et maternelle tout opposée à l'image d'un lieu conquérant masculin qui cherche à gagner de l'espace en y pénétrant.

Le lieu est sans doute un emplacement auquel on a donné forme en y déposant des choses, pour qu'ainsi le lieu devienne ces choses, et que ces choses deviennent lui les contenant.

La structure sphérique qui désigne le mieux la fonction d'un espace contenant en tant qu'objet, pour appliquer exactement une image de la forme matrice de nature continue et discontinue à la fois, est saisie de vie. Autrement dit, elle ne devient sujet qu'à partir du moment où les éléments matériels qui constituent l'ensemble de son être entrent en mouvement.

Le déplacement de toutes particules est possible à partir du moment où l'existence du lieu en tant que sujet s'organise, par la ruptu-

---

20. Pour en savoir plus, voir Henry Corbin, *Corps spirituel et Terre céleste*, Paris, Buchet Chastel, 1979, p. 112-113.

re, ou plutôt topologiquement parlant, par la coupure de ces mêmes éléments avec leurs propres champs attractionnels.

« Topologiquement, l'énoncé est une coupure et, dans sa structure la plus intime, il n'y a pas d'élément isolable mais des différences, c'est-à-dire là encore des pures coupures[21]. »

Nous reviendrons plus tard sur la problématique du bord et de l'espace sans bord. À cette étape, il s'avère essentiel d'insister encore une fois sur le fait qu'au moment du mouvement des particules de l'objet dans l'espace, la coupure se fera quasi automatiquement, afin de permettre à l'ensemble de ce même espace de se situer par rapport à une extériorité imaginée comme l'infini. L'infini, revenons-y un instant, ne représente en aucun cas la totalité, puisque ce dernier est inaccessible.

Pour cerner le paragraphe scientifique évoqué, il nous faudra conclure que l'informe du lieu renvoie à l'image de l'infini afin de permettre la constitution d'une forme. L'infini à son tour, par sa propre essence sans forme, crée un système basé sur un centre. Comme le commencement d'une intériorité sur le vaste champ de la totalité. La totalité ne s'entend pas comme localité spatiale, mais comme l'espace de l'autre. L'extériorité ou l'espace de l'autre, qui ramène l'être à son propre lieu, n'est autre que l'espace initial tout court. Cependant, pour distinguer cet espace-ci des dimensions géométriques de l'espace, passons par la définition de l'autre et du même[22]. Être le même et l'autre à la fois, c'est confirmer la présence de l'intérieur dans l'extériorité d'une présence. C'est affirmer que le lieu existe dès que l'être est. La présence du lieu, c'est être extériorisé d'une matrice intérieure qui est le « un » faisant partie du « tout ».

## Le centre et le bord

À travers toutes les explications, notre besoin représentatif de l'espace finit par imaginer un centre. Sans doute le centre d'une structure, en orientant et en organisant la cohérence du système, permet-il le jeu des éléments à l'intérieur de la forme totale. Le cen-

---

21. Marc Darmon, *Essai sur la topologie Lacanienne*, Paris, Association freudienne, p. 202.
22. Michel Serres, *Les origines de la géométrie*, Paris, Flammarion, coll. « Champs », 1994, page 148.

tre ne jaillit pas du néant, mais c'est comme s'il n'avait pas de lieu premier. Il existe pour donner existence au reste sans être le centre dans le sens de donner un axe ou diriger le mouvement.

Encore une fois, en créant une structure, la présence d'un centre en tant qu'élément primordial pour le fonctionnement de son sens, on voit inévitablement s'établir petit à petit les champs circulatoires autour de ce centre. Il se crée, comme nous l'avons démontré, par le biais de la division et à partir d'une coupure, pour faire fonctionner un « tout » de mouvement à tendance circulaire. L'axe de ce centre est le lieu de recueillement de cette certitude selon laquelle l'être est déployé comme « tout ».

« La charte de la création établie par Ibn'Arabî indique les correspondances existant entre vingt-huit des noms divins et les vingt-huit stations de la lune, dont chacune correspond à une lettre de l'alphabet. Chaque lettre constitue le symbole d'une manifestation particulière, et la totalité de l'alphabet rend compte de l'ordre dans lequel le monde a été créé. L'ensemble tourne à l'intérieur du zodiaque, qui mesure le mouvement du soleil. C'est par la conscience de l'axe cosmique, ou de la verticalité, que le soufi acquiert le sentiment de l'éternité, de la permanence de l'identité de l'être à travers la multiplicité des modes et des aspects de l'existence[23]. »

Où pourrait-on alors situer ce centre ? Peut-être vaudrait-il mieux le placer à l'origine où tout commence et à la fois le situer là où il n'y a aucune trace de commencement. Si pour le comprendre, je passe de temps à autre par des passages mystiques, ce n'est pas dans l'intention d'une démonstration de dysfonctionnement logique de la chose pour entrer dans le domaine de l'inexplicable, mais plutôt pour prouver le sens bidimensionnel qu'il représente. Le centre du lieu, tel qu'on essaie de l'entendre, n'existe pas puisque ce lieu est constitué d'une multitude de centres qui sont chacun entourés d'un autre centre et ainsi jusqu'à l'infini. On ne sait pas où commence le premier centre, et peu importe puisque l'essentiel est le sens et non pas le centre de ce sens. C'est ainsi que la concentration d'une forme première comme point de départ, si tant est qu'on l'appelle centre,

---

23. Laleh Bakhtiar, *Le Soufisme, expression de la quête mystique*, Paris, Seuil, 1976, p. 63.

n'existe et ne s'affirme que parce qu'il a pu exister en divisant l'espace par son existence. La division produite par l'axe d'un mouvement passera alors par un bord pour créer un « lieu » de nature sans fin, et de même manière sans bord.

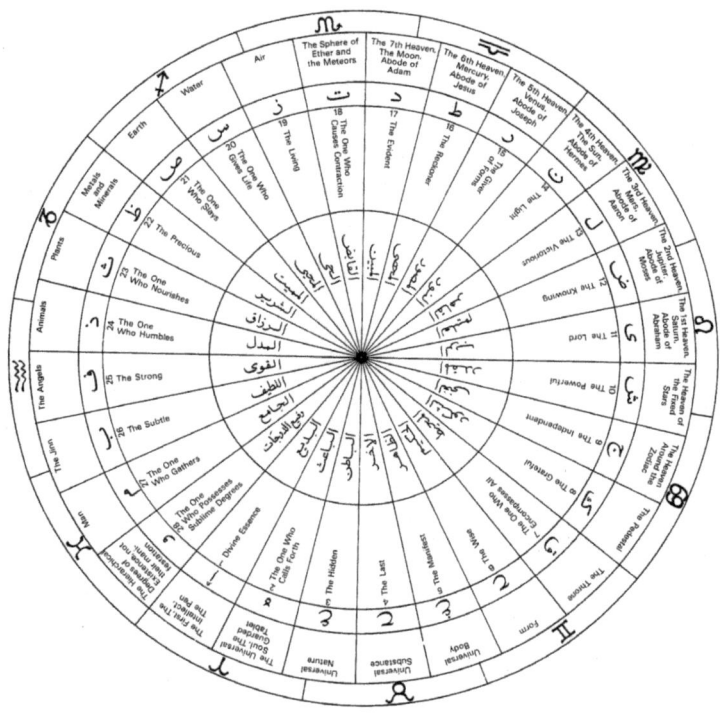

*Charte de la Création*, d'après Titus Burckhardt.,
*Clé spirituelle de l'astrologie musulmane* d'après Mohyiddin Ibn 'Arabî.

« Dans la symétrie, les éléments face à face sont rapportés à l'axe ou au centre : ce rapport seul produit l'équivalence. Législation d'égalité, l'isonomie, pensée par le cercle, se trahit par là même, puisque toutes choses ne s'y équivalent que par référence à un pôle, à la pointe d'un axe, donc par une distribution homogène de distance à l'un ou à l'autre[24]. »

---

24. Michel Serres, *Les origines de la géométrie*, Tiers livre des fondations, Paris, Flammarion, coll. « Champs », 1994.

En ce qui concerne le bord, on pourrait le définir comme un lien imaginaire aperçu entre le dehors et le dedans d'un espace. Le bord est la seule façon, géométriquement parlant, de franchir une surface. Cependant, ne sachant pas où commence la surface, on l'imagine à son tour par la limite de deux autres surfaces. Il y a toujours la surface et l'autre surface, ou la surface de l'Autre. Le franchissement se fait dans le lieu sans que celui-ci le contienne. L'extérieur et l'intérieur se trouvent dans le lieu, c'est pourquoi ce lieu-ci n'a pas de bord et qu'il est sans fin. Il n'appartient ni à l'un ni à l'autre, il est l'un et l'autre. Il n'est pas là pour rassurer les choses, ni pour prouver leur centre ou leurs bords. Il est, et de cette manière il représente la chose elle-même, là où il n'y a plus de possibilité de la cerner par un centre ou bien de la séparer par un bord.

Cependant, il existe en physique « le concept d'absence de bord » qui stipule que pour résoudre la fonction d'onde de l'univers, il faut que nous la calculions comme une collection de chemins bornés par les espaces quadridimensionnels possédant un unique bord régulier, similaire au bord sphérique[25].

Où commence donc l'intérieur d'un extérieur, qui est lui-même l'intérieur d'un tout sans bord et non orientable ?

## L'intérieur et l'extérieur

*Celui qui regarde à l'extérieur et l'intérieur*
*Dans le monde de la folie regarde de mille façons*
*Regarde les yeux, comme ils regardent :*
*Qui est celui qui regarde de l'intérieur de mes yeux ?*

Rumi[26]

Nous entendons par intérieur ce qui se trouve au-dedans et par extérieur au contraire ce qui est égal au dehors. En vérité, les deux notions sont créées à partir du moment où le point se trace, celui-ci menant à une ligne ou a une forme quelconque. Dans les deux cas, l'espace ainsi créé par le point transpercé ou intact reste l'unité d'un infini, l'intérieur d'un extérieur ou le contraire. En tout cas, il déclen-

---

25. John Barrow, *La Grande Théorie*, Paris, Champ/Flammarion, 1996, p. 91, 92, 93.
26. Mowlânâ Djalâl od-Dîn Rumî (1207-1273), poème tiré de *Rubâi'yat*, Paris, Albin Michel, 1987.

che un processus d'enchaînement d'espace dont on se demande où commence le dehors et où s'arrête le dedans, tout en étant à la recherche du centre qui constitue le point de départ.

« Quand Deleuze parle du dehors, ce mot a deux sens complémentaires :
1. le non représentable, ou le dehors de la représentation ;
2. la consistance même du non représentable, à savoir l'extériorité des relations, le champ informel des relations. Deleuze appelle plan d'immanence ce champ transcendantal où rien n'est supposé à l'avance sauf l'extériorité, qui récuse justement tout présupposé[27]. »

Le recours à Deleuze à ce moment précis permet d'aborder l'immanence comme sujet, afin d'expliquer l'extérieur et l'intérieur. Puisqu'en démontrant le concept de « un » égale « tout », nous prouvons que le un contient le dehors et le dedans à la fois, nous pouvons sans doute affirmer que malgré les apparences l'intérieur et l'extérieur n'existent pas. Par conséquent, le dehors et le dedans étant dans un champ continu, sans bord et sans fin, d'un lieu tel qu'on l'entend, ils se contiennent, deviennent à la fois réceptacle et contenu l'un de l'autre.

La question se tourne toujours vers ce point de départ qui fait d'un intérieur potentiel un extérieur antérieur. D'où ce recours ultime à l'immanence comme raison première de tout point de départ.

L'intérieur potentiel ou l'extérieur antérieur

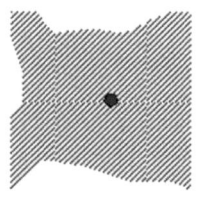
L'espace extérieur par rapport au point de départ

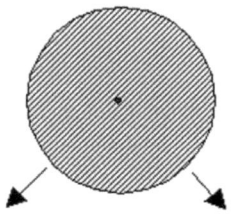
Le champ transcendantal d'un intérieur créant son espace extérieur

---

27. François Zourabichvili, *Deleuze, une philosophie de l'événement*, Paris, PUF, 1994.

Nous avons ainsi démontré que le lieu en tant que « ce en quoi » est de l'ordre de l'immanent.

« La face extérieure des choses n'est pas pure illusion. Elle possède une réalité à son propre niveau, mais implique un mouvement en direction de la séparation et du retrait, hors du principe qui réside au centre et que l'on peut identifier comme vers l'intérieur. Vivre dans l'extérieur, c'est déjà jouir du bienfait qu'est l'existence, être plus que rien. Mais s'en satisfaire exclusivement, c'est trahir la nature même de l'homme, car la raison la plus profonde de son existence est précisément de passer de l'extérieur à l'intérieur, de la périphérie du cercle d'existence à son centre transcendant et ainsi ramener la création à son origine. »[28]

Prenant le tout comme extérieur et le un comme intérieur, nous arrivons à la conclusion suivante : le tout est l'essence de l'un, il est dedans, et de ce fait son propre intérieur. L'extérieur est dans l'intérieur. Étant dedans, ils forment dehors et dedans à la fois.

Le lieu est l'endroit où l'extérieur et l'intérieur se font. Il est l'être qui engendre le dehors et le dedans sans pour autant être de l'ordre de l'un ou de l'autre.

## La forme humaine comme lieu de l'union

Nous allons expliquer comment l'homme en tant qu'être est habité par le lieu et constitue celui qui l'habite à la fois.

L'être contient dès l'origine l'extérieur et l'intérieur au même moment ; à travers son existence, il tente de les engendrer en créant en permanence des notions opposées telles que dehors et dedans. Comme il détient leur union par l'emplacement de l'endroit premier qui l'habite, il devient à son tour l'endroit qui donne naissance à un vaste champ contenant les deux notions à la fois, sans être pour autant du côté de l'un ou de l'autre. Il se trouve ainsi constamment en mouvement.

À travers cette existence en mouvement, nous assistons à la mise au monde d'une autre demeure à l'intérieur de ce même être qui, au fur et à mesure de son temps d'existence, devient le fruit du croise-

---

28. Seyyed Hossein Nasr, *Essai sur le soufisme*, trad. par Jean Herbert, Paris, Albin Michel, 1980.

ment de tout mouvement contenu dans le lieu premier de l'être, afin de confirmer qu'il habite bien quelque part.

Ce lieu nous habite comme un lieu premier contenu dans chaque être d'une manière différente, et devient l'endroit premier à contenir l'en-soi. Une sorte de lieu-logos qui contient la propre cause de son mouvement. Considérant le mouvement comme une activité, un phénomène de création permanente, nous sommes amenés à penser que l'existence n'est constituée que d'énergie. De cette manière, l'énergie contiendrait la cause du mouvement ; et ne faisant qu'un l'un avec l'autre, le lieu deviendrait par nature une énergie en mouvement. La forme humaine devient ainsi le lieu de l'union de l'énergie en acte, soit le mouvement en puissance.

La forme humaine est l'endroit de l'union en état de puissance. L'union est partout présente en état d'acte ; ainsi les dualités internes/externes ayant la particularité d'avoir l'une et l'autre la possibilité de se contenir, leur réunion se fait en effet dans cet état d'union en acte. La forme humaine relie les deux visions que l'être a de lui-même, à savoir sa forme intérieure et sa forme telle qu'elle est perçue extérieurement.

Nous reviendrons sur ce sujet quand nous parlerons de l'essence de l'être, notamment à travers l'exemple de l'anima et l'animus chez Jung.

## Le lieu coïncide-t-il avec le vide ?

Le vide est la potentialité de contenance d'un sujet qui pourrait contenir l'intérieur et l'extérieur, le haut et le bas, le chaud et le froid à la fois. Le vide, tout en contenant le dehors et le dedans, se manifeste comme le champ réel d'un dehors qui sera la possibilité extérieure de toutes sortes d'essences invisibles qui viendront de l'intérieur. Dans chaque création, tout démarre d'après ce vide et la problématique de toute forme de création sera de cerner ce vide, et donc de cerner la chose informe qui pourrait se trouver dans cette illusion d'espace qu'est le vide. Le vide est le lieu par excellence de toutes quêtes créatives pour atteindre la chose irreprésentable.

« Le vide central du vase de poterie autour duquel la main tourne la matière en ferait un modèle du façonnement du signifiant par l'introduction dans le réel d'un trou, d'une béance. Suivant cette image, le vide de la chose ne se conçoit pas sans un plein autour, en lisière, qui en tenterait la maîtrise. Ici se lirait le projet pictural de *cerner la chose*[29]. »

Le vide, c'est la présence qui précède le tout, et qui à son tour est précédée par un autre vide. Ainsi chaque vide est le « lieu perpétuel » d'un plein qui touche de par ses bords le vide qui l'entoure. Ceci est l'essence même de la peinture chinoise et en même temps ce qui a tant préoccupé la peinture occidentale du dernier siècle. Braque disait : « je ne peins pas les choses mais l'espace entre les choses ».

« La peinture chinoise, pratique sacrée, s'organise des principes de la tradition taoïste dont l'élément ontologique central est le vide. Mais ce vide n'est pas rien, car il vise à la plénitude ; la plénitude du vide relève d'une dynamique dans le taoïsme énoncé dans l'alternance du yin et du yang, en harmonie avec le vide-plein. Leur interpénétration incessante, que l'on retrouve à l'œuvre dans le champ pictural, est une mutation que constituent des productions alternantes où le vide est un plein pour un autre vide.[30] »

Le vide symbolise toutes les potentialités conscientes et inconscientes comme l'espace originel, il peut être le chaos des origines aussi bien que l'englobement du monde organisé. Le vide est le lieu invisible de tout arrangement de l'espace. Dans cet espace invisible on rencontre fréquemment des réalités visibles ou imaginaires qui ont la capacité de se transformer autour de ce vide puisqu'il est lui-même sans forme. C'est d'ailleurs dans les affirmations d'ordre scientifique autour de l'existence du *vide véritable*, soulevé par Pascal au XIIe siècle, que sont également suscités les intérêts philosophiques à ce sujet. L'héritage de l'enseignement aristotélicien et l'enseignement de la nouvelle physique de Descartes arrivent en ce temps à s'accorder au moins sur le point de la négation du vide dans la nature[31]. »

Le vide est un véritable intervalle qui à la fois retient et fait surgir les choses à travers un espace donné. Le vide, aussi petit qu'il puisse

---

29. Jacques Lis, « Espace du regard dans la peinture », in *Littoral*, n° 30, oct. 1990, p. 153.
30. Jacques Lis, « Espace du regard dans la peinture », *op. cit.*
31. Pour en savoir plus sur les travaux de Pascal, notamment sur la célèbre expérience du tube barométrique voir le travail d'analyse de Pierre Guenancia, *Du vide à Dieu. Essai sur la physique de Pascal*, Paris, François Maspero, 1976, p. 306.

paraître, est à la fois le point de départ et l'espace qui l'entoure. Le vide est une étendue continuellement affrontée par ce qui l'entoure. C'est pourquoi elle constitue le vide et le plein au même moment, représente l'extérieur et son inverse. Tout dépend de quel angle on le regarde. Si on considère chaque point de départ sur un vide initial, nous pouvons également imaginer ce même point comme un espace initialement vide afin de contenir ce qui viendra par la suite. Chemin faisant, nous retournons à l'explication première du lieu dans le Timée de Platon. La question qu'on pourrait se poser est semblable à celle posée par Pascal, à savoir : y a-t-il résistance de la part de la nature face à ce vide ? Ou bien, quelle est la matière capable de remplir cet espace vide ?

Chapitre II

## L'essence du « lieu »

*Dois-je considérer convenable comme*
*L'égarement de l'atome parce qu'il n'a*
*Pas la force de supporter la vue du soleil ?*
*Si l'atome se perd entièrement dans le*
*Soleil de l'immensité, il participera, parce que*
*Simple atome, à sa durée éternelle.*

Attâr[1]

ÉTYMOLOGIQUEMENT, l'essence du lieu devrait signifier « l'être du lieu », autrement dit sa vérité d'exister. L'essence accompagnée du mot lieu tel qu'on l'entend ne signifie peut-être rien qu'un retentissement du signifiant. Si le mot lieu nous évoque son essence, que signifierait alors l'essence de ce lieu, essentialité pure par nature. L'essence du lieu, c'est la vérité de son être, c'est le rappel qui confirme que le lieu « est » parce que l'essence existe. Cette essence, dans le sens le plus profond de sa signification, demeure le pourquoi de l'existence du lieu, qui de cette manière ne répond pas à une localité ou à une localisation dans l'espace, mais mène de par cette essence à une non-localité dans l'espace. L'essence

---

1. Farid od-Dîn Attâr (1150-1220), poème tiré de *Anthologie de la poésie persane*, textes choisis par Z. Safâ, Paris, Gallimard/Unesco, 1964.

du lieu, autrement dit sa réalité, réside au-delà de sa quiddité. Elle contient l'être présent de son être ainsi que la partie cachée de son étendue, qui séjourne au-delà de toute spatialité.

Si l'on considère le vide comme le lieu premier, ce qui donne à soi-même l'existence, nous arrivons directement à ce que Spinoza entend par la substance, et ensuite à l'explication de l'être en tant qu'être qui en son unité détient la substantialité.

« Que l'on considère une chose comme une partie ou comme un tout, son idée, que ce soit celle du tout ou celle de la partie, enveloppera l'essence éternelle et infinie de Dieu. Donc, ce qui donne la connaissance de l'essence éternelle et infinie de Dieu reste commun à tous et est partiellement dans la partie et dans le tout. »[2]

Quant à l'essence, toujours d'après Spinoza, elle est à la fois adéquate à l'unité de la substance et antérieure ontologiquement par rapport à l'individu. La chose est en quelque sorte une essence organisée dans l'espace. L'être « est », et à partir du moment où il proclame l'existence, il acquiert les qualités requises pour exister. L'être dans son unité représente la substantialité d'une essence profonde antérieure à l'être. Cette substantialité est « la chose » qui représente le sens du lieu ou l'essence de chaque étendue qui existe avec l'exister.

« La définition indiquant ce qu'*quid* est la chose signifie ce par quoi les êtres sont constitués dans leur genre ou espèce propre ; c'est pour cela que le terme essence a été changé par les philosophes en celui de *quiddité*, et c'est là ce qu'Aristote appelle souvent le *quod quid erat esse*, c'est-à-dire le ce qui fait qu'une chose est ce qu'elle est [3]. »

Si « la chose » en tant que souffle premier est l'essence du lieu, elle est en quelque sorte l'âme de celui qui se conçoit un lieu. Cela rappelle un peu l'organisation de l'espace en fonction des choses que l'on y dépose.

---

2. Spinoza, *Œuvre III Éthique, démontrée suivant l'ordre géométrique et divisée en cinq parties*, trad., notices et notes par C. Appuhn, Paris, Flammarion, 1965, p. 122.
3. Saint Thomas d'Aquin, *L'être et l'essence (De ente et essentia)*, Paris, J. Vrin, 1947, p. 18.

Nous pensons que la chose en elle-même devrait détenir un espace créé dès le moment où elle existe, par son acte même d'exister. Ces champs de la chose existante se trouvent en orbite dans le champ de l'être comme sa raison d'exister. Le centre d'un être se rapproche et s'éloigne de sa chose au fur et à mesure de ses mouvements dans son espace initial.

Nous retrouvons à nouveau ce mouvement spiral qui caractérise l'être dans sa dimension microcosmique par rapport à l'univers.

Le moi se constitue un champ personnel par un mouvement centrifuge pour se rapprocher davantage de sa chose, et se dirige au même rythme par un mouvement centripète au centre d'un infini immanent à son existence. Cette opération par son double mouvement ressemble au mouvement et au fonctionnement de la terre qui tourne autour du soleil tout en tournant sur elle-même. Et parlant du soleil, comment oublier le fondement de la pensée de Sohravardî qui parle de la lumière comme de la réalité effective de chaque chose.

« La réalité authentique de chaque chose se situe au-delà de sa quiddité, elle séjourne par-delà l'essence et l'existence de cette chose, car elle engendre, dans un même mouvement d'existentiation, essence et acte d'exister. Cette réalité, Sohravardî la nomme lumière[4]. »

---

4. Christian Jambet, introduction au Shahab od-Dîn Yahya Sohravardî, *Livre de la sagesse orientale* (Kitâb Hikm al-Ishrâq) par Henry Corbin, Paris, Verdier, 1986.

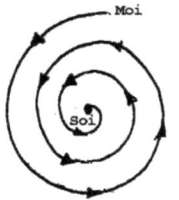
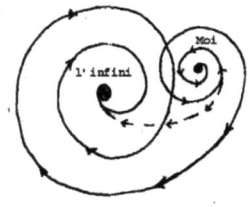

Le mouvement du moi dans le champ personnel

Rentrer du moi dans le champ de l'infini

Ainsi, l'essence du lieu n'est autre que le lieu même, antérieure à lui et contenue à la fois pleinement dans sa présence. Le lieu véhicule l'essence d'une existence qui « est », et cela par le seul acte d'être. L'essence du lieu, par nature non-spatiale et indéfinissable, ne peut ainsi être définie que parce qu'elle accompagne l'être. L'essence de l'être fait partie intégrante du tout, antérieurement présent en état de potentialité. Elle est donc l'un et le tout à la fois.

L'essence du lieu pourrait également rappeler la chose dans le domaine de la psychanalyse freudienne. D'après Freud, il y a dans l'appréhension de la réalité une quête primordiale d'une expérience originelle, celle de l'objet perdu.

« *Das Ding*, la chose en question ici est chose à entendre comme intérieur exclu et aussi bien exclu à l'intérieur. Si le champ de *das Ding* était trop habité, si la chose était trop incarnée, elle perdrait sa qualité d'espace de jouissance et son essence même. Ainsi ce qui est l'objet de cette élection, ce n'est pas la chose, insiste Lacan, c'est une chose. Car la chose, hallucinée, dans son essence insaisissable, reste elle-même foncièrement voilée. D'où la nécessité pour la concevoir, de la cerner, voire de contourner ce qu'il faut reconnaître comme le vide constitutif de la Chose[5]. »

Pour revenir à la définition de la « chose », également insaisissable face à l'étendue d'un être, il faudra peut-être rappeler que le fait d'exister fait détenir la chose elle-même. Nous possédons, de manière sensible et intelligible à la fois, l'essence qui signifie d'abord l'être en tant que tel, puisque c'est en existant qu'un être est ce qu'il

---

5. Jacques Lis, « Espace du regard dans la peinture », *op. cit.*

est. C'est simplement une évidence que de dire : l'être est, l'existence existe. Cette présence de l'exister va contre ce que l'on appelle de nos jours l'existentialisme. Pour expliquer cette pensée, je vais m'appuyer sur la philosophie métaphysique de l'exister de Mollâ Sadrâ (1571-1640).

« L'être, l'existence n'est pas quelque chose qui existe, qui possède l'existence, pas plus que la blancheur n'est quelque chose de blanc, quelque chose qui possède la blancheur. Dire *hastî hast*, l'être est, ce n'est pas substantifier l'être, c'est énoncer son acte même d'être. C'est le cas privilégié de l'être. Il est (existe), sans qu'il soit besoin que l'être (de l'existence) s'y ajoute ; il est à lui-même son attribut, c'est pourquoi il est indéfinissable[6]. »

> Chaque forme que tu vois a son archétype au-delà de l'espace.
> Si la forme disparait, qu'importe ? Son origine est éternelle.
> Chaque image que tu vois, chaque parole subtile que tu entends,
> Ne t'afflige pas de leur disparition : il n'en est pas ainsi.
> Puisque la source est éternelle, les eaux qui en proviennent ruissellent éternellement.
> Puisqu'elles sont impérissables, pourquoi te lamenter ?
> Sache que l'âme est la source, et toutes choses créées, des ruisseaux.
> Tant que demeure la source, s'écoulent les ruisseaux.
> Chasse le chagrin de ton esprit, bois l'eau de ce ruisseau,
> Ne crains pas que l'eau tarisse, car elle est sans fin.
> Dès l'instant où tu vis dans le monde de l'existence,
> Une échelle fut placée devant toi pour te permettre de t'enfuir.
> D'abord, tu fus minéral, ensuite végétal, puis tu deviens animal :
> Comme serait-ce caché à tes yeux ?
> Après cela, tu devins homme, doué de connaissance, de raison, et de foi.
> Vois comme est devenu un tout ce corps, qui est une partie de ce monde de poussière !
> Quand tu auras voyagé à partir de ta condition d'homme,
> Sans nul doute, tu deviendras un ange.
> Quand tu auras fini avec la terre, ta demeure sera le ciel.
> Dépasse le niveau de l'ange : pénètre dans l'océan,
> Afin que ta goutte d'eau devienne une mer plus vaste que cent mers d'Omân...
>
> Rumî[7]

L'essence d'une chose n'est autre que sa vérité. C'est ainsi qu'on rejoint l'idée même de Molhâ Sadrâ, selon laquelle la vérité d'une chose, c'est son acte même d'être. Ou, comme dit Spinoza dans son

---

6. Henry Corbin, introduction au Mollâ Sadrâ Shirâzi, *Le livre des pénétrations métaphysiques* (Kitâb al-Mashâ'ir), Paris, Verdier, 1988, p. 62.
7. Rumi, *Odes Mystiques (Divân-é Shams-é Tabrizi)*, trad. du Persan par Eva de Vitray-Meyerovitch et Mohammad Mokri, Éd. Klincksieck, 1973.

livre *Éthique I* : « c'est l'être en tant qu'être qui en son unité, détient sa substantialité ». On pourrait également considérer la chose selon une vision deleuzienne comme l'empreinte d'une forme première sur l'étendue d'un être. « Toute chose est constituée de l'empreinte d'une forme sur une matière impersonnelle.../... l'individu précède une fois de plus sa genèse puisque celle-ci est expliquée depuis un principe qui en tant que tel, est déjà individué[8]. »

C'est l'être dans son essence la plus profonde qui représente l'essence du lieu. L'être en tant qu'« un » donne vie à sa propre essence dès qu'il est. Ce terme d'exister pourrait d'ailleurs poser bien des problèmes par rapport à ce que nous serions passibles d'entendre comme l'exister « un » égale l'exister « tout ». Le « tout » est l'essence de l'« un », il est dedans.

Ainsi, nous pourrions affirmer que la constitution de l'univers n'a rien d'abstrait, et que l'unicité préserve le sens même de l'acte d'exister. Nous avons déjà parlé de la multiplicité dans l'unité et de son inverse, mais cela paraît s'imposer une nouvelle fois pour confirmer ce qu'on a dit auparavant à ce sujet. Ainsi, en passant par la tentative de définition de l'essence de l'être, on arrive à confirmer que : « Le propre de l'unicité, de cette solitude de l'être, est justement d'essencifier des quiddités multiples, dont il y a autant qu'il y a d'actes d'exister variant en intensité et en faiblesse. C'est l'unicité qui est ici le fondement du pluralisme[9]. »

C'est l'unicité qui permet l'idée même de l'univers.

---

8. Mireille Buydens, *Sahara - L'esthétique de Gilles Deleuze*, Paris, J. Vrin, 1990.
9. Henry Corbin, introduction au Mollâ Sadrâ Shîrâzî, *Le livre des pénétrations mystiques*, Paris, Verdier, 1988, p. 60.

## La substance de l'Univers

Nous étions étendus et uniques, tous ensembles,
Nous n'avions ni tête, ni pieds, là-bas, nous étions une seule substance, comme le soleil.
Nous étions purs et limpides comme l'eau.
Quand cette lumière pure a pris des formes.
Elle est devenue multiple comme les ombres des créneaux.
Détruisez ces créneaux avec une catapulte,
jusqu'à ce que disparaissent les différences entre ce qui existe.

Rumî[10]

Le poème de Mowlanâ est la définition même de l'unicité qui constitue l'infini de l'univers, et par conséquent de ce qui pourrait être nommé comme sa substance. Ce poème n'est pas une simple introduction, une entrée en matière ; il fait plutôt office de sujet et de conclusion à la fois. Ainsi, entendons la substance de l'univers comme le flux constant qui coule dans ses veines. Elle n'existe que parce qu'elle est naturellement en mouvement, et possède en même temps une présence antérieurement présente à tout mouvement. L'idée aristotélicienne concernant la substance, selon laquelle la substance doit être toujours ce qu'elle est pour que le devenir, le passage de la puissance à l'acte, soit possible ne serait pas incompatible avec l'évolution de la substance qui garantit son mouvement. C'est la substance dans son mouvement qui est à l'origine de tout mouvement de devenir ; elle assure le renouvellement de la nature dans la nature.

« Les mouvements qui affectent les catégories correspondant aux accidents de la substance s'originent en un mouvement premier, fondamental, le mouvement de la substance elle-même. L'éduction de la puissance à l'acte dont Avicenne disait qu'il était le mouvement affectant la substance, devient un mouvement de la substance, le mouvement substantiel ou le mouvement essentiel. »[11]

C'est de cette manière que nous réussissons à saisir le sens du poème cité en début de chapitre, ontologiquement frappant par rapport au sens même du mot substance. Si les scientifiques ont tenté de découvrir le comment de cette substance unique, Spinoza, lui, n'a

---

10. Rumî, *Odes mystiques (Dîvân-é Shams-é Tabrizi)*, op. cit.
11. Christian Jambet, *L'acte d'être*, Paris, Fayard, 2002, 1er chap., 2e part., p. 187.

pas hésité à le nommer dans la première partie de son discours sur l'éthique.

« J'entends par substance ce qui est en soi et est conçu par soi : c'est-à-dire ce dont le concept n'a pas besoin du concept d'une autre chose, de laquelle il doit être formé[12]. »

La substance est en effet une vérité qui participe à l'infini, puisqu'elle est naturellement infinie. Elle détient l'unité de son mouvement par son propre mouvement. L'unité de la substance est son fondement, qui dans la multiplicité des expressions sensibles ne reflète que cette unité essentielle la détenant. Parler de l'existence de la substance revient à confirmer son appartenance à la nature de l'exister de la substance. En ce qui concerne les lois physiques, régissant le comportement des particules élémentaires qui composent l'univers, la ressemblance régnant entre les particules les plus élémentaires de la matière fait qu'elles sont étudiées par les scientifiques, par familles de particules identiques ; ce qui joue un rôle crucial dans la compréhension de l'univers.[13] Nous rejoignons aujourd'hui l'effort qui a animé Platon dans le but de trouver une théorie unifiée de toutes les forces. Cet effort nous permet d'adhérer à la philosophie de Mollâ Sadrâ Shîrazi pour confirmer que la vérité d'une chose, c'est son acte même d'exister. Le plus important est que l'existence créée soit complète, par la nature même de l'exister, un exister proprement immanent. L'existence créatrice par contre, est sans fin.

---

12. Spinoza, *Éthique*, trad. C. Appuhn, Paris, Flammarion, 1985, p. 21.
13. Pour en savoir plus, voir les études des phénomènes quantiques de John D. Barrow, *La grande théorie - Les limites d'une explication globale en physique*, Paris, Flammarion, 1996, p. 112.

## À la recherche de soi

Je suis égaré en moi-même, et je me suis perdu moi-même ;
J'étais un embrun de la mer et dans la mer je suis noyé.
Je ne fus qu'une ombre d'abord, humblement couchée sur le sol,
Puis cette ombre s'est effacée dès que le soleil a paru...
Non, non, ne me demande rien, je suis comme le papillon :
Dans le feu du visage aimé j'ai perdu le souci de tout.
Marche dans la voie de l'amour, toi qui es homme de savoir ;
Quant à moi l'amour m'a donné l'ignorance et la connaissance.
Tout mon corps a dû se faire œil, et puis cet œil être aveuglé :
Je veux bien être confondu si je sais ou si je devine
Sur quel rivage m'a jeté, cœur désemparé, ce naufrage.
Le cœur d'Attâr n'appartient plus ni à ce monde ni à l'autre :
Il est cause que j'ai sombré dans la démence de l'amour.

Attâr[14]

La recherche de Soi est le fondement même d'un voyage que l'être entreprend dès son existence en ce monde. C'est le chemin qu'il parcourt pour remonter à son essence. Nous pourrions également l'appeler le perfectionnement de soi, dans le sens où « connaître l'essence, c'est remonter à son fondement en Dieu, comprendre comment elle exprime le réel divin, y trouve son origine mais aussi son retour, en procède et s'y convertit.»[15] Rechercher le Soi, c'est tenter le retour à l'Un. L'être, par la recherche qu'il entreprend dans son essence, actualise la vérité dont il émane, et de par ce mouvement caractérisé par sa recherche révèle la part cachée qui fait partie intégrante de cette même essence.

Nous avons vu à travers le mouvement spiral de l'être dans le champ de l'infini, ainsi que dans le double mouvement découlant de cette même nature de l'être dans son champ personnel à la recherche d'un Je perdu, que l'être se trouve en exil par rapport à son propre exister dès l'instant où ce mouvement tourbillonnant commence, et dès le moment où tous les points constituant l'ensemble de son être se trouvent en position de l'exister. Autrement dit, dès l'instant où l'être est, la recherche commence. Par une fonction invisible, l'être organise un milieu (mi-lieu) sans forme pour

---

14. Farid od-Dîn Attâr (1150-1220), poème tiré de *Anthologie de la poésie persane*, textes choisis par Z. Safâ, Paris, Gallimard/Unesco, 1964.
15. Christian Jambet, *L'acte d'être, op. cit.*, 1$^{er}$ chap., 1$^{re}$ part., p. 46.

accueillir à la fois l'essence et le sens ; par sa nature, le sens pénètre dans ce milieu qui lui donne la possibilité de rentrer en contact avec l'essence.

Le lieu où s'effectue la conjonction entre l'être et le Soi est un champ de nature sans fin, où l'âme de l'exister existe par le fait de sa présence même. Ce principe contenu dans l'être est présent à l'intérieur de toute chose. Le centre de ce même champ représente l'esprit, qui est aussi le principe existant à l'état de potentialité à l'intérieur de cette même chose. L'être possède l'âme qui par sa nature détient au même titre l'esprit. La conjonction de ces deux états, aussi bien que la rencontre entre le sens et l'essence, se fait à travers le voyage que l'être entreprend à l'intérieur de son exister vers le centre de celui-ci.

Dans la démarche la plus approfondie du mystique, rechercher son soi ne revient pas à croire à une contradiction quelconque s'opposant au but qu'il s'est fixé, à savoir s'oublier, s'abandonner à Dieu. En réalité, « l'acte par lequel l'âme se connaît est son acte d'exister lui-même, et il est aussi l'acte par lequel cette âme indépendante de toute attache matérielle fait retour à son principe supérieur, à Dieu »[16]. L'être, à la recherche de son espace, le détient dès l'origine. L'un est actualisé dans chaque exister, et dans le mouvement que l'âme entreprend dès cette même origine pour retourner chez elle. Attar, dans la métaphore de son récit raconté ci-contre, nous renvoie de la meilleure manière qui soit à décrire ce qu'est chercher son soi.

Ainsi Attâr, dans son ouvrage intitulé Mantiq al-Tayr, ou le langage des oiseaux, constate qu'au terme d'un voyage spirituel, Dieu n'est pas séparé de nous, que l'Existence même est Dieu.

---

16. *Op. cit.*, p. 49.

*Où est la demeure de l'Ami*, Katâyoun Rouhi, 2004-2005, huile sur toile, 41 x 33 cm,.

Voici l'histoire résumée du voyage des oiseaux :
« Un jour, les oiseaux se réunissent pour un colloque. Tous les animaux, et aussi l'homme, ont un roi, disent-ils, sauf nous. Jusqu'à aujourd'hui, nous ne connaissons pas notre roi, nous ne savons qui il est, nous ne savons même pas si nous en avons un. Ils décident alors de partir à la recherche de leur roi et de se mettre à son service. Les oiseaux sages et vieux, plus expérimentés que les autres, racontèrent qu'ils avaient entendu dire que le roi des oiseaux était un oiseau appelé *Simorgh*, vivant dans un lieu très écarté ; la route pour s'y rendre était très dangereuse et difficile. Pour y parvenir, il fallait, dirent-ils, des hommes très braves et courageux, prêts à sacrifier leur vie. À la fin, un grand nombre d'oiseaux décidèrent de partir à la recherche de leur roi. Le chemin était très long et très rude. Aussi, après un certain temps, quelques oiseaux revinrent en arrière, par excès de faiblesse et de fatigue, d'autres étaient lâches, d'autres encore n'étaient pas sincères. Ils renoncèrent au voyage. Il ne resta qu'un petit nombre d'oiseaux fatigués, tristes et ayant perdu l'espoir d'atteindre leur but et de trouver leur roi. À ce moment, arriva un envoyé divin qui leur demanda : que cherchez-vous ? Ils répondirent : Nous cherchons notre Roi *Simorgh*. Il leur dit : Regardez-vous vous-mêmes et cherchez en vous-même ce qui n'est pas en dehors de vous. Lorsqu'ils regardèrent attentivement, ils virent qu'il y avait seulement trente oiseaux. Si-morgh.[17] »

La quête de l'âme, commencée dès l'instant de son arrivée au monde, est ici symbolisée par la recherche des oiseaux afin de connaître leur roi. Il faudra rappeler le renouvellement qui est nécessaire au pèlerin, par les obstacles qui lui sont affligés à chaque étape, pour que ce voyage conditionne également le perfectionnement de

---

17. Pour extraire cette anecdote, elle-même extraite du grand livre de Attâr, *Le langage des oiseaux*, nous avons choisi de la citer à travers le livre cité ci-dessus, afin d'inviter le lecteur à compléter ses connaissances par la lecture de Djamshid Mortazavi, *Le secret de l'Unité dans l'ésotérisme iranien*, Paris, Dervy-livres, 1988, p. 138. Pour l'histoire dans son intégralité, voir *Mantiq al-tayr*, trad. française de Garcin de Tassy, Paris, 1857. « Le Simorgh est un oiseau fabuleux. Ce nom est décomposé par Attâr en deux mots persans, *Si*, c'est-à-dire 30, et *morgh*, oiseau. Comme on le verra, pour se conformer à cette étymologie, l'auteur ne laisse que 30 oiseaux parvenir jusqu'au terme de leur recherche (note de Dj. Mortazavi) ».

celui qui l'entreprend. À la fin du récit, il ne reste que trente oiseaux pour actualiser l'unique qui les réunit, cela pour démontrer que l'arrivée est réservée à ceux pour lesquels le mouvement de la substance est possible. C'est en effet dans cette mutation de substance que la révélation devient possible. Cette quête est la métaphore du chemin du devenir de l'homme, au cours duquel il pourrait se voir révéler la part cachée de son existence. Il y a sûrement plusieurs manières de rechercher le soi. La création artistique a sa place dans ce domaine, et nous y reviendrons dans le chapitre suivant. Ce qui importe ici, c'est de retenir que l'espace d'un être en tant qu'individu est rempli par des images sensibles et des formes intelligibles, des formes qui lui viennent d'un monde extérieur à l'opposé des images sensibles qui lui viennent du plus profond de son monde intérieur. Cet intérieur, dont nous avons parlé précédemment, est bien sûr antérieur à ses formes intelligibles. Il les contient, mais en même temps a besoin de leur espace extériorisé pour pouvoir se projeter au-dehors. De cette manière, le mouvement du moi dans son propre champ personnel va à la recherche du soi. Le soi est contenu dans le moi, mais pour le trouver, il faudra se projeter dans ce qu'on peut appeler le monde extérieur. « Ce « soi » ne prend jamais la place de Dieu ; peut-être représente-t-il un réceptacle de la grâce divine ? »[18]

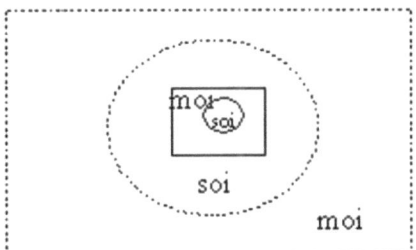

---

18. Carl Gustav Jung, *Psychologie et orientalisme*, Paris, Albin Michel, 1985, p. 272.

Nous pourrions parler de la « présence » en ce qui concerne le soi ou l'essence de la chose, et du représenté en ce qui concerne le moi ou le sens de la chose présentée. Celui qui tente de percer l'extérieur de son champ personnel transgresse en quelque sorte son propre lieu, et pour ainsi dire retrouve un autre lieu laissé à l'intérieur de son être comme potentialité. Ce « lieu » est non seulement l'espace interne d'une surface extériorisée, mais en réalité tout en étant de même nature, représente l'espace de l'autre. Le vide initial retrouvé sur le champ de recherche est en vérité rempli d'une essence primordiale qu'il faudra distinguer du néant. Ce vide, ou ces vides, ne sont que des intervalles comme nous l'avons démontré plus haut, des intervalles entre des champs superposés ou séparés, situés à différents niveaux, entre le moi, sa substance, le même et l'autre. Le « tout » fait le « un », l'être et son lieu.

Mais qu'est-ce que le moi ? Jung le définit ainsi : « J'entends par moi un complexe de représentations formant, pour moi-même, le centre du champ conscientiel, et me paraissant posséder un haut degré de continuité et d'identité avec lui-même... Mais le moi n'étant que le centre du champ conscientiel ne se confond pas avec la totalité de la psyché ; ce n'est qu'un complexe parmi beaucoup d'autres. Il y a donc lieu de distinguer entre le moi et le soi, le moi n'étant que le sujet de ma conscience, alors que le soi est le sujet de la totalité de la psyché, y compris inconscient[19]. »

Le soi fait partie de l'être comme un tout et constitue un espace de l'ordre du dedans sur la totalité de surface d'un être. L'essentiel de sa quête, dans son mouvement, consiste à atteindre le centre de son propre champ. Elle représente la voie d'une réalisation personnelle qui pourrait rappeler la voie expliquée par Jung comme une individuation.

« La voie de l'individuation signifie : tendre à devenir un être réellement individuel et, dans la mesure où nous entendons par l'indi-

---

19. Carl Gustav Jung, *Dialectique du Moi et de l'inconscient*, trad. de l'allemand, préfacé et annoté par Docteur Roland Cahen, Paris, Gallimard, coll. « Folio Essais », 1991, p. 195. Ouvrage paru en 1re éd., 1933, chez Rascher, à Zurich, sous le titre : *Die Beziehungen Zwischen dem ich und dem unbewussten*.

vidualité la forme de notre unicité la plus intime, notre unicité dernière et irrévocable, il s'agit de la réalisation de son soi[20]. »

## L'union des opposés

*Je lui dis : d'où donc viens-tu ? Raillant, il répondit : Chère âme !*
*Je suis moitié du Turkestan, et à moitié du Ferghana*
*Fait à moitié de terre et d'eau et à moitié d'âme et de cœur,*
*Fait à moitié de bord de mer et de perle unique pour le reste.*
*Je dis · Sois donc mon compagnon, parce que je suis ton prochain.*

Rumî[21]

Les deux pôles des opposés sont en réalité les deux représentants des deux faces qui ne se révèlent que l'une en présence de l'autre. Les opposés sont l'apparent et le caché d'un même contenu qui, pour être révélé, procède constamment de l'acte par lequel se découvre le véritable existant. L'ombre d'une chose n'est que le reflet de sa lumière ; non pas telle qu'elle est donnée dans sa réalité d'être à nos yeux, mais dans sa véritable luminosité qui révèle la chose à elle-même. « Tout être apparent détient également son caché. L'intérêt de se le rappeler est dans la nécessité du retour à l'essence du phénomène ».[22]

Pour se réaliser, l'être prend possession d'un devenir qui se trouvait antérieurement sur place, créant ainsi une tension à l'intérieur de l'être. Celui-ci, pour sa mise en œuvre, fait fonctionner et confronte à la fois le corps et l'esprit. Autrement dit, ce sont tous les éléments contraires réunis dans l'exister qui forment l'unité et la totalité de ce même exister.

« Mettre quelqu'un en face de son ombre, c'est aussi lui montrer ce qu'il a de lumineux. Lorsque l'on a fait plusieurs fois cette expérience, lorsqu'on a appris à juger en se plaçant entre les extrêmes, on en vient inévitablement à ressentir ce que signifie son propre soi. Lorsqu'on perçoit en même temps son ombre et sa lumière, on se voit par les deux faces de son être, et ainsi l'on aboutit au centre[23]. »

---

20. Carl Gustav Jung, *Dialectique du Moi et de l'inconscient*, op. cit., p. 115.
21. Mowlânâ Djalâl od-Din Rumî (1207-1273), poème tiré de *Anthologie de la poésie persane*, Éd. Gallimard/Unesco.
22. Christian Jambet, *L'acte d'être*, op. cit., p. 154-155.
23. Carl Gustav Jung, *Psychologie et orientalisme*, Paris, Albin Michel, 1985, p. 271.

L'homme en tant qu'être humain est composé des principes féminin et masculin à la fois, ce que Jung a appelé « *anima et animus* ».

Pour Jung, l'*anima* et l'*animus* se situent à la limite supérieure du clair-obscur de l'être, l'*animus* comme principe féminin présent chez l'homme et inversement l'*anima* comme principe masculin présent chez la femme. Tous deux constituent une sorte d'état d'union complémentaire chez l'être humain afin de le compléter. L'être est le « lieu » de l'union des opposés.

Dans cette union, par le phénomène du miroir des apparitions, les opposés se révèlent, comme dans un miroir où à tour de rôle chaque élément a priori opposé à l'autre renvoie l'image d'un deuxième miroir où se reflète sa propre image.

L'être en tant que lieu de l'union des opposés est lui-même le reflet de l'image révélée de et par ces mêmes éléments opposés. L'être est tantôt l'apparent de la face cachée, tantôt la face cachée du caché révélé.

Dans la pensée Sohravardienne de Ishrâq, c'est l'Ange qui vient représenter le double céleste de la psyché terrestre. « Il révèle à l'être, sa réalité d'âme. »[24] C'est en se référant au même concept que Henry Corbin, dans l'analyse de la pensée de Rouzbéhân de Shirâz, explique l'union des contraires comme l'amant et l'aimé en tant que les deux ailes exemplifiant l'essence duelle de l'amour ; puisque la réalité de l'amour n'est visible que dans et pour l'unité de l'amant et de l'aimé.

Les opposés sont les représentants d'agents actifs et d'agents passifs. L'être effectue la conjonction de ceux-là, en devenant le réceptacle de l'un pour l'autre. L'âme, principe féminin, est présente dans une chose (toute chose) et l'esprit, principe masculin, se trouve dans un état de potentialité à l'intérieur de cette même chose.

« La forme humaine est le lieu où s'opère l'union ou la conjonction de deux dualités, l'une interne et l'autre externe. Il faut donc une forme pour que la conjonction des opposés puisse s'opérer. La création de formes concrètes dans laquelle la créature peut contempler la divinité est la raison d'être de l'art. Dans la forme créée par l'artiste, la matière et le principe créateur proprement dit constituent des aspects du principe féminin. Deux rôles sont importants au créateur :

---

24. Henry Corbin, *L'homme et son ange*, Paris, Fayard, 1983.

il est le receveur passif de l'idée qui est conçue, et l'agent actif qui se projette vers ce qui doit naître[25]. »

L'union de l'être par les principes masculin et féminin a été également l'objet d'études comportementales de l'être humain dans sa plus grande complexité. En différenciant ces deux principes sous les noms d'*anima* et d'*animus*, Carl Gustav Jung a tenté de prouver la complémentarité de ces deux faces qui, selon le bon fonctionnement de la psyché, viennent se révéler l'un à l'autre comme les deux principes l'apparent et le caché.

Suivons Jung quelques instants sur le chemin de son explication à ce sujet : « L'*animus* est aussi un être créateur, une matrice, non pas dans le sens de la créativité masculine, mais dans le sens qu'il crée quelque chose que l'on pourrait appeler *un Logo spermatikos* — un verbe fécondant. De même que l'homme laisse se souder son œuvre, telle une créature dans sa totalité, à partir de son monde intérieur féminin, de même le monde intérieur masculin de la femme apporte des germes créateurs qui sont en état de faire fructifier le côté féminin de l'homme[26]. »

La forme humaine représente le lieu de rencontre et à la fois de l'union des faces opposées de l'être, sur le chemin qui mène l'âme à l'esprit et son inverse. Chaque acte de mise en procédure sur ce chemin de devenir tente de révéler la partie cachée de l'être qui n'est autre que sa vérité d'âme.

## La chose qui habite le « lieu » ; le « lieu », la chose habitée

Nous sommes tous habités par un lieu. (La chose habitant le lieu)
Nous habitons tous un lieu. (La chose habitée)
Lieu = contenu. Nous le contenons.
Lieu = contenant. Nous y sommes = il nous contient.
La chose séjourne en nous.
Nous séjournons dans la chose.

---

25. Laleh Bakhtiar, *Le Soufisme, expression de la quête mystique*, Paris, Seuil, 1976, p. 22.
26. Carl Gustav Jung, *Dialectique du Moi et de l'inconscient*, op. cit., p. 146.

1. Le point qui pousse notre être à être (notre étant) nous habite comme nous l'habitons en tant que lieu premier.
2. Nous avons chacun notre manière d'habiter « le lieu ». Le lieu de chaque être, tout en partant de la même nature, est différent de celui d'un autre.
3. Étant en rupture par rapport à un je premier qui est à l'origine du lieu de l'être, le moi pendant toute la durée de notre existence cherche ce je qui habite ailleurs, et laisse le moi en exil par rapport à lui-même. (Le je est un autre, et l'autre n'est pas soi-même).
4. L'homme est sur un chemin de devenir. Toute tentation de création (dans le sens de ramener le non exister à l'existence) est un plan de devenir.
5. Nous sommes contenu et contenant à la fois, dès l'instant où nous existons.

Si habiter le lieu semble convenir à une forme de confiance ou de quiétude, ceci n'est sans doute pas sans rapport avec l'habitation, la forme mystique par excellence, aussi bien chez le mystique Juif que le mystique Ishrâqi. « Si l'investissement de l'âme par des lumières divines est typifié chez Sohravardi comme une descente de la *Sakina*, rappelons qu'au sens courant le mot veut dire quiétude, confiance. « Dans le lexique *ishrâqî*, *Sakina* désigne l'habitation prolongée des lumières divines dans la demeure (*maskin*), le temple de l'âme (la racine arabe *skn* connote le sens de demeurer, habiter). Or, l'arabe *Sakinâ* est l'équivalent de l'hébreu *Shekhina*. Celle-ci désignerait la mystérieuse présence divine dans le Saint des Saints du Temple. La *Sakinâ* est la présence à demeure des lumières divines dans l'âme-temple. »[27]

Dans chacun de ses mouvements le ramenant à son âme, l'être existe, puisqu'il habite cet ensemble du lieu l'amenant vers l'avant. Pour développer l'être de cette habitation, et pour ne pas confondre habiter avec rester sur place dans un non-mouvement, rappelons la notion d'habiter de Martin Heidegger dans les écrits qui suivent.

« Habiter, être mis en sûreté, veut dire : rester enclos (*eingefriedet*) dans ce qui nous est parent (*in das Frye*), c'est-à-dire dans ce

---

27. Prélude de Henry Corbin au livre de Sohravardi, *L'Archange empourpré*, l'ensemble des quinze traités et récits mystiques, Paris, Fayard, 2002.

qui est libre (in das *Freie*) et qui ménage toute chose dans son être. Le trait fondamental de l'habitation est ce ménagement. Il pénètre l'habitation dans toute son étendue. Cette étendue nous apparaît dès lors que nous pensons à ceci, que la condition humaine réside dans l'habitation, au sens du séjour sur terre des mortels[28]. »

Géographiquement parlant, les lieux que nous choisissons d'habiter, tendent à nous rassurer sur notre existence. Nous n'oublions jamais d'où nous venons ni les lieux qui nous ont abrités tout comme nos lieux de séjour. Tout ceci est en rapport avec un lieu premier que nous n'habitons plus. Il y a des lieux qui nous ont marqués et nous tentons toujours de marquer les lieux. L'exil est une double rupture par rapport à son origine, par rapport au point de départ. L'être est constamment en exil, et l'exil géographique se veut un rappel du manque à être-là. Ainsi, les lieux que nous habitons nous habitent continuellement, prenant petit à petit place en nous comme pour constituer des places qui manquent.

Le lieu de naissance n'est pas un lieu à être, mais l'endroit de la mémoire où l'être est reconnu comme tel. Le lieu contient l'être, et l'être le contient depuis plus longtemps encore. Ils se reconnaissent entre eux.

Un lieu n'est peut-être qu'un nom, tandis qu'un nom dans un lieu, c'est la mémoire, c'est le temps. Le lieu comme l'espace qui le contient sont étroitement liés à la mémoire ; et l'un comme l'autre n'auront aucune signification sans la présence de cette dernière (nous aborderons ce sujet dans la partie consacrée au temps).

Pour revenir à la chose ou l'essence, son rapport en tant qu'habitant du lieu avec le lieu habité est exactement le même. Le lieu est encore une fois ce par quoi la chose gagne la possibilité de rencontrer le sens. Nous façonnons la chose en fonction de son lieu, par des processus divers ramenant ce qui n'existe pas (n'est pas présenté) à l'existence, autrement dit à la présence. Mais revenons encore à Heidegger.

« Le rapport de l'homme à des lieux et, par des lieux, à des espaces, réside dans l'habitation. La relation de l'homme et de l'espace n'est rien d'autre que l'habitation pensée dans son être... En tant qu'il

---

28. Martin Heidegger, *Essais et conférences*, texte intégral, *Penser, habiter, bâtir*, Paris, Gallimard, coll. « Tel », 1958, p. 176.

est le double mis en place, le lieu est une garde (*Hut*) du *quadriparti* ou, comme le dit le même mot, une demeure pour lui. Les choses qui sont du genre de pareils lieux donnent une demeure au séjour des hommes[29]. »

C'est alors que nous pourrons prétendre que comprendre l'art sans comprendre l'homme, c'est n'avoir rien compris à ce qu'est l'art. L'art est à la recherche d'un lieu qui rassemblerait l'essence de l'homme et son sens. L'être sur le chemin de son déploiement tente de trouver, et parfois même d'inventer, des lieux qui l'accueilleraient sur le chemin du devenir.

Le potentiel d'un « ce en quoi » est toujours ouvert, et l'artiste tente de le puiser pour tracer. Tout est dans le lieu, tout est à disposition, puisque la chose est immanente au lieu, et le lieu immanent à l'être. Récapitulons :

Nous habitons quelque chose qui habite déjà en nous et qui est le contenu. Le lieu que nous cherchons est par nature en nous. L'essence de notre lieu nous habite déjà, comme l'essence première.

1. Nous sommes le lieu qui contient la chose.
2. La substance du lieu est la chose qui nous habite.
3. L'homme est le lieu de la substance.

## Le non-où

> Au-delà du monde de l'incroyance et de la foi, il est un lieu :
> Ce n'est pas la demeure de l'impur et de l'orgueilleux
> Il doit sacrifier son cœur et son âme à l'Âme,
> Celui qui désire avoir une telle demeure.
>
> Rumi[30]

Pour aborder ce terme de non-où, il nous faudra faire table rase de toutes formes de notions renvoyant à une pensée aristotélicienne susceptible de voir un espace à travers le où. Le concept de où auquel nous nous intéressons à ce moment de notre travail, est d'abord et avant tout compris dans le cadre de cette simple phrase de Hallâj[31] qui

---

29. Martin Heidegger, *op. cit.*, p. 188-189.
30. Mowlânâ Djalâl od-Dîn Rumi (1207-1273), poème tiré de *Rubâi'yât*, traduit du persan par Eva Vitray-Meyrovich et Djamshid Mortazavi, Paris, Albin Michel, 1987.
31. Hossein ibn Mansour Al Hallâj, mystique musulman, fut supplicié en 922 de

consiste à énoncer : « Mon essence s'élucide là où il n'y a pas de où. » Le terme Sohravardien de non-où désigne sans aucun doute sous la meilleure forme qu'elle soit la demeure de l'âme, celle illustrée également par la pensée de Mowlânâ dans le poeme qui a précédé. Le non-où, ce monde imaginal où résideraient les sensations suspendues, venues de l'âme et produites par elle, est l'endroit où l'être de l'âme se retrouve dans un face-à-face qui la renvoie à l'image d'elle-même ; et ceci sans qu'il y ait véritablement un lieu. « Il y a un espace imaginal, un où, mais il y a solution de continuité avec l'espace de notre orientation terrestre. On ne peut donc en montrer du doigt la direction. »[32]

L'être humain sur le chemin du devenir arrive à un endroit où toutes les choses qu'il a cherchées au cours de sa vie se rencontrent. Ce lieu, sans existence physique ou géographique quelconque, sans qu'il soit un lieu à être, devient la matrice où se rencontrent l'essence et le sens de celui qui a cherché cette subtilité de l'exister au cours de sa vie.

« Le non-lieu (*lâ makân*) est un lieu qui n'est pas contenu dans un lieu, un lieu où se déroulent les événements des récits mystiques. Sohravardi le désignait par *nâ kodjâ âbâd*, littéralement « le pays du non-où ». C'est de là que vient l'ange initiateur qui se présente au début de deux ouvrages de Sohravardi, *Le bruissement des ailes de Gabriel (Mounés-al-ochchâq)*.

Le *nâ kodjâ âbâd* « est un pays que l'on peut être admis à voir ; mais aucun de ceux qui l'ont vu n'est en mesure de le montrer ». Sohravardi associe le *nâ kodjâ âbâd* à la montagne cosmique Qâf. Simorgh, l'oiseau mystique, réside sur le sommet de cette montagne « qui entoure notre monde à la façon d'une coupole et qui marque la limite entre notre monde du devenir et le monde du *malakout* (le monde de l'âme)... Cette montagne est une des réalités corporelles, mais à l'état subtil, ayant un esprit saint qui la gouverne »[33].

---

notre ère à Baghdad
32. Voir Sohravardi, *L'archange empourpré*, trad. Henry Corbin, Paris, Fayard, 2002.
33. Henry Corbin, *op. cit.*, t. II, p. 188. Mowlânâ Djalâl od-Dîn Mohammad Balkhi (Rumi), *Le livre de Shams-é Tabriz*, cent poèmes, trad. du Persan et annoté par Mahin Tadjaddod et Jean-Claude Carrière, Paris, Gallimard, 1993. Henry Cor-

Le non-où est l'état qui désigne le monde imaginal d'où jaillissent les activités de l'âme pensante. Le monde imaginal qui, comme le précise Henry Corbin, contient imaginalement l'immense monde spirituel ayant sa place entre le monde sensible et le monde intelligible, n'appartient à aucune forme d'espace. Le monde imaginal, symbolisé merveilleusement dans ce terme Sohravardien du non-où, est un lieu proportionnel à chaque individu, tout en restant égal pour chacun.

« Dans sa vision poétique du monde, Sohrâb Sépéhri appelle celui-ci l'oasis dans l'instant, ou *Hichéstân*, c'est-à-dire un nulle part derrière lequel le parasol du désir reste à jamais ouvert et où l'ombre de l'orme s'étend jusqu'à l'éternité. Le *Hichéstân*, terre du non-lieu, forgé par le poète, a la même résonance que le terme *nâ kodjâ âbâd*, pays du non-où que forgea au xii$^e$ siècle le philosophe mystique Sohravardi, fondateur de l'école de l'*Ishrâq* (Théosophie de l'Orient des Lumières). Cette notion symbolise le huitième climat, terre des images en suspens, c'est-à-dire le monde des images-archétypes et la terre des visions[34]. »

*Hichestân*, terme employé par le poète Sépehri à l'époque contemporaine, est composé de deux mots : « *hich* » qui veut dire le rien, le néant, l'absence ; et « *estân* » qui désigne le lieu. Un lieu qui contiendrait le rien ne peut dans ce cas avoir de dimension physique, puisque tout lieu est proportionnel à ce qu'il désigne comme contenant. Si le terme poétique de Sépehri s'apparente au terme visionnaire de Sohravardi, cela ne pourrait être expliqué que par le fond même de cette pensée qui reste du domaine de l'entre-deux monde sensible-intelligible.

« Sortir du *où*, de la catégorie *ubi*, c'est quitter les apparences extérieures qui enveloppent, comme un noyau, les réalités intérieures cachées ; c'est pour l'étranger, le gnostique, revenir chez lui. Mais, chose étrange, ce passage une fois accompli, il se trouve que désormais c'est cette réalité occulte qui enveloppe, environne, contient ce qui était tout d'abord l'extérieur et le visible, puisque par l'intériorisa-

---

bin, *op. cit.*, t. iv, p. 170.
34. Daryush Shayegan, Préface de *Les pas de l'eau (Seday-é pay-é Ab)* de Sohrab Sépéhri, Paris, La Différence, coll. « Orphée », 1991, p. 15.

tion l'on est désormais sorti de cette réalité extérieure. Dès lors, c'est la réalité immatérielle qui enveloppe, environne, la réalité dite matérielle. C'est pourquoi la réalité spirituelle n'est pas dans le où. C'est où qui est en elle, ou plutôt elle est le où de toutes choses ; elle n'est donc pas elle-même dans un lieu, elle ne tombe pas sous la question où, la catégorie *ubi*. Son lieu (son *âbâd*) c'est nâ-kojâ, parce que son *ubi* est un *ubique*.[35] »

Le *nâ kodjâ âbâd* de Sohravardi, autrement dit « le lieu dit de non-où », est peut-être une conclusion à ce que représente le lieu tel que nous l'avons évoqué au cours de ce chapitre. Le « non-où » est là où ça se passe, sans qu'il y ait lieu à être. Nous détenons ce non-où, et le cherchons tout à la fois. Ceci est l'endroit même où les choses se font, se rencontrent et finalement deviennent.

Le lieu dit de non-où est le lieu du devenir de l'homme.

### *deviens, deviens*

*Laisse la ruse, ô amoureux,*
*Et deviens fou, et deviens fou,*
*Pénètre dans le cœur du feu*
*Et papillon deviens, deviens.*

*Deviens étranger à toi-même*
*Et anéantis la maison.*
*Puis, viens, avec les amoureux*
*Même maison deviens, deviens*

*Va, lave ton cœur de la haine.*
*Cœurs se lavent avec sept eaux,*
*Après quoi du vin de l'amour*
*Coupe deviens, coupe deviens.*

*Tout souffle tu dois devenir*
*Pour être digne des tout-souffles,*
*Si tu vas vers les hommes ivres,*
*Comme ivresse deviens, deviens.*

*Comme est monté dans l'air ton souffle*
*Par notre légende sucrée,*
*Néant, comme les amoureux*
*Légende, légende deviens.*

---

35. Henry Corbin, *En islam iranien, aspects spirituels et philosophiques IV*, Paris, Gallimard, 1972, p. 378-379.

*Tu es la nuit du cimetière,*
*Va, deviens nuit de la puissance*
*Comme cette nuit, des esprits*
*La maison, la maison deviens.*

*Ta pensée s'en va vers un lieu,*
*Puis vers ce lieu elle t'attire.*
*Dépasse-la, tel le destin,*
*Premier marcheur deviens, deviens.*

*Envie et désir sont serrure*
*Qui est disposée sur nos cœurs.*
*Deviens la clé, et de la clé,*
*Les dents deviens, les dents deviens.*

*De sa lumière il caressa*
*L'élu, le tronc qui gémissait*
*Toi qui n'est pas moins que le bois,*
*Gémissant, gémissant deviens.*

*Écoute, te dit Salomon,*
*Le langage de ces oiseaux.*
*Tu es piège et l'oiseau te fuit,*
*Le nid deviens, le nid deviens.*

*Si l'amant montre son visage,*
*Sois plein de lui, comme un miroir,*
*Et s'il ouvre sa chevelure,*
*Peigne deviens, peigne deviens.*

*Jusqu'où seras-tu tour fourchue*
*Ou pion qui va de case en case ?*
*Jusqu'où seras-tu reine oblique ?*
*Savant deviens, savant deviens.*

*Pour rendre grâce de l'amour,*
*Tu as donné biens et cadeaux.*
*Laisse les biens, donne toi-même.*
*Grâce deviens, grâce deviens.*

*Un temps tu fus les éléments,*
*Puis un temps tu fus animal,*
*Un autre temps tu fus la vie,*
*Tel le souffle deviens, deviens.*

*Jusqu'où, sur le toit et la porte,*
*Parleur, iras-tu ? Prends ton vol.*
*Dans la maison, laisse la langue,*
*Sans menton, sans menton deviens.*[36]

---

36. Mowlânâ Djalál oc-Dîn Rumî (1207-1273), poème tiré de *Divan-é Shams-é Tabriz*, trad. du Persan par Mahin Tadjaddod, Paris, Gallimard, 1993.

Chapitre III

# Le temps

*Ô toi dont la pensée est enchaînée, tes pieds ne sont-ils pas libres ?*
*Finalement, tu l'as vu, le mouvement est, lui aussi, mystère.*
*Dans le mouvement, il est certain que la liberté devient sans contrainte*
*L'eau du puits et celle de la rosée sont rendues différentes par cela.*

Rumî[1]

## Le temps comme mesure de mouvement

Où commence l'univers par rapport à l'espace ? Cette question ancestrale se pose de la même manière vis-à-vis de l'univers et du temps. Dès que nous cherchons à savoir quand, nous nous tournons vers le temps. Nous ne pourrions pas savoir quand l'univers a commencé sans échapper à la question du temps.

Si au cours de la première partie de ce travail, nous sommes arrivés à conclure que l'univers est infini, le temps, selon la même définition, cesse d'être défini, voire limité. Le temps, tout comme l'espace, est d'une nature sans bord et sans fin que nous allons tenter d'éclaircir à travers la troisième partie de ce chapitre.

---

1. Mowlânâ Djalâl od-Dîn Rumi, poème tiré de *Rubâi'yât*, Paris, Albin Michel, 1987.

Le temps, comme dimension temporelle du fonctionnement de l'espace, est constitué du mouvement des sphères, de l'écoulement des jours et des nuits, du nombre des années et des mois. Tous ces éléments produits au cours du temps se trouvent plus exactement divisés en deux temps, selon une première approche : 1. Le temps limité, 2. Le temps infini. Mais en y regardant de plus près, ils ne sont que les aspects d'une même essence. « Irânshâhi considérait les termes de temps, de durée ou d'éternité comme trois noms désignant une seule et même chose considérée sous deux aspects : temps non mesuré (indépendant du mouvement du ciel et même de l'âme, puisque se rapportant aussi à un plan d'univers intelligible supérieur à l'âme), et temps mesuré par le mouvement du ciel. Dès lors, durée éternelle et temps n'étant que deux aspects d'une même essence, la distinction posée par Razès (923-932), entre temps limité et temps infini, correspondrait dans la terminologie de Proclus à celle de temps non séparé[2]. »

L'existence de tout ce qui se trouve présent dans l'univers a clairement été précédée du non-être même de l'univers dans le temps. Tout démarre à partir du moment où on mesure son mouvement par rapport à un état de non-être à être. On ne peut pas parler d'une non-existence précédant l'existence dans le temps. Le temps est le garant d'une chose à exister dans un espace. Le temps et l'espace sont deux principes indissociables de l'univers. L'espace pose les trois premières dimensions nécessaires à l'existence, et le temps la quatrième. C'est le temps qui, en quelque sorte, rend l'espace quadridimensionnel. On remarque dans les anciennes croyances perses que le temps était pris pour la cause première de la création.

« Aujourd'hui bien oublié des mazdéens modernes, *Zûrvân* est un nom du temps, et il est certain que les iraniens en firent à une date ancienne un dieu important comme les indiens qui dédient à *Kâla*, le temps, plusieurs hymnes (dont *Eudème de Rhodes, Damascius*, etc.) ; le temps fini serait premier : la lumière et les ténèbres procéderaient de lui. Puis *Ohrmazd* et Ahriman, puis tous les dieux et la création.

---

2. Henry Corbin, *Le temps cyclique et gnose ismaëlienne*, Paris, Berg international, coll. « L'île Verte », 1982.

> *Toi qui es le ciel souverain,*
> *Toi qui es Zurvân,*
> *Le temps sans borne,*
> *Le temps souverain,*
> *Le temps qui dure !*
>
> Extrait de *Yasna de l'Avesta*[3]

Le temps est en réalité la mesure de mouvement la plus apparente de toutes. Il est le mouvement qui rappelle la distance séparant l'être-là de la conceptualisation de ce même être. D'après Sohravardi, « Le temps ne peut être fini au sens où une coupure résulterait pour lui du fait d'avoir soi-même un commencement, car s'il en était ainsi, il y aurait un avant qui ne pourrait jamais entrer dans une synthèse avec son après. Cet avant ne pourrait signifier que, là, le temps ne serait plus, puisque la négation d'une chose vient après cette chose ; ce n'est pas une réalité positive qui puisse être liée à cette chose. Ainsi, cet avant marquerait encore une antériorité temporelle. Avant la totalité du temps, il faudrait donc qu'il y eut encore un temps, ce qui est absurde : de sorte que le temps n'a pas de commencement[4]. »

Dans le rapport du temps au monde, le temps parait comme conçu, non pas dans le temps, mais simultanément au temps. Si la majorité des philosophes considèrent que le temps est un accident, dans le rapport qui pourrait lier le temps à cet accident (selon un concept Avicenien), on pourrait conclure que le temps est l'accident du mouvement de la matière, et que celle-ci s'avère l'objet de ce temps.

N'oublions pas que l'être du temps faisant un avec l'être de son mouvement, la continuité ininterrompue de l'existence est non seulement engendrée par le mouvement qui découle du temps, mais que cette continuité est la cause même du temps. Le mouvement de l'être du temps, comme le précise Mollâ Sadrâ, est immanent à son essence et va donc de soi. « La cause de l'existence du temps, ce n'est pas la seule continuité de l'intervalle, mais sa continuité par la méditation de la continuité du mouvement. Parce que

---

3. Jean Varenne, *Zoroastre, le prophète de l'Iran*, Paris, Dervy, 1996.
4. Sohravardi, *Le livre de la sagesse orientale*, par Henry Corbin, Paris, Verdier, 1991, livre III, p. 170.

l'intervalle est continu, en tant qu'il rend continu le mouvement, le temps peut exister. »[5]

En attribuant au temps la fonction de mesure du mouvement dans une étendue donnée, nous mettons le moment de son existence au diapason du moment où ce prétendu espace de l'exister vient à paraître. Nous rejoignons ainsi des conceptions aussi anciennes que celles de Saint Augustin et Philon d'Alexandrie, selon lesquelles il n'y avait pas d'avant puisque le temps faisait partie intégrante de l'ordre créé. Voici la thèse de Philon :

« Le temps est soit contemporain du monde, soit il lui est postérieur. Étant donné que le temps est un espace mesuré, déterminé par le mouvement universel, et que le mouvement ne peut être antérieur à l'objet en mouvement mais doit nécessairement apparaître soit après lui, soit au même moment, il s'ensuit nécessairement que le temps est lui aussi, ou contemporain ou postérieur au monde. »

Il a fallu une véritable tentative d'explication de la cosmologie quantique pour que la nouvelle notion d'un espace-temps puisse transformer notre attitude envers les conditions de commencement de l'univers. Le temps est d'une essence non séparée et continue par rapport à la chose elle-même. Il est de nature sans fin et s'étend sans bord, comme c'est le cas de l'espace. L'espace et le temps sont des éléments non séparables puisque l'existence de l'un fait appel à l'autre ; ce qui justifie l'utilisation du terme scientifique de l'espace-temps.

L'existence d'un lieu incite à le parcourir, invite à le découvrir. Le « lieu » comme étendue réceptive reçoit, et il faut du temps pour que la chose incitée soit reçue. Le temps se présente parfois comme une sorte de mémoire. Il devient ainsi le garant de l'exister sur l'étendue de l'existence. Cette mémoire n'est pas celle qui a le souci du réel, mais plutôt celle qui tente de marquer son lieu. Parcourir un espace, que cela se fasse sur un simple point donné ou à un endroit incommensurable, représente un mouvement. Ce mouvement ne demande en aucun cas à être calculé, mais sa nature, le fait même de son existence, font qu'il est compté et mesuré dans son propre mou-

---

5. Mollâ Sadrâ Shirazi, *Afsâr*, cité dans *L'acte d'être* de Christian Jambet, p. 211.

vement. Le néant rompu par un point à partir du moment où il fait appel à l'existence fait également rentrer le temps dans son rapport à l'espace conçu. Il vit, son exister est donc naturellement en mouvement, et par conséquent en rapport avec le temps.

« Avicenne a introduit une distinction précise entre les trois aspects du temps : *Zamân, Dahr* et *Sarmad*. La relation des choses stables avec le temps, c'est-à-dire des choses qui coexistent avec le temps (*Zamân*), sans se trouver dans le temps, Avicenne l'appelle *Dahr (aiôn)*. Mais Avicenne désigne par *Sarmad* la relation entre les choses stables dans leur domaine supra-temporel. Selon son essence, *dahr* appartient à *Sarmad*. Aeternitas *sarmad* - *aevum dahr* - *Tempus zamân* ».[6]

Le « lieu », dès l'instant où il existe, est habité par un temps qui lui est quasiment antérieur. Tout à la fois, le temps dans sa durée éternelle se trouve habité par un lieu, comme si ce dernier l'habitait antérieurement. Le « lieu contient le temps, et il y est contenu. C'est sans doute dans cette phrase que réside le mystère quantique du temps. En effet, dans la théorie quantique, le temps existe sur un mode transcendant défini par quelques aspects d'un système physique. Le temps s'expliquerait comme un simple aspect de l'univers créé à partir du néant.

D'après la théorie quantique, le concept du temps devenant l'espace reviendrait à dire que le mouvement symbolisé par le temps ne précise pas le quand, mais renvoie au mouvement essentiel de l'acte d'être par lequel le non-être est expulsé de lui.[7]

Le temps n'est pas la cause du mouvement, le mouvement n'est pas non plus la raison d'être du temps. Tout mouvement est immanent à chaque parcelle existante, et de ce fait présent à tout exister ; en conséquence, le temps d'une chose se trouve également dans sa raison même d'exister.

---

6. Henry Corbin, note au *Livre de la Sagesse Orientale* de Sohravardî, Paris, Verdier, 1991, livre III, p. 165.
7. Pour en savoir plus, nous invitons le lecteur à consulter l'ouvrage de Christian Jambet, *L'acte d'être*, et le chapitre du « mouvement essentiel » consacré à la physique spirituelle, Paris, Fayard, 2002.

## Le temps qui échappe...

Les discours sur le temps sont souvent les mêmes, tant sur le plan philosophique, scientifique que métaphysique. Le temps est comme une dimension jaillie du néant, qui pour prendre place se fait souvent passer pour la mémoire. C'est le temps lui-même, provoquant peur et résistance, qui nous fournit l'arme nécessaire pour le saisir. Si le temps, sous toutes ses formes d'existence, aussi bien selon un sens limité qu'un aspect infini, accompagne l'espace de l'exister, c'est aussi parce que dans le mouvement en spirale qui est le sien, il entraîne toutes ses formes d'essence comme pour ancrer le lieu qui les contient. Le temps comme dimension éternelle se révèle une interrogation perpétuelle sur la raison de l'existence.

*À personne demain n'est promis*
*Garde en joie ce cœur plein de mélancolie.*
*Bois du vin au clair de lune, Ô ma lune, car la lune*
*Bien souvent brillera sans plus nous retrouver.*

*Le cercle où se place notre venue et notre départ,*
*Ne laisse voir ni principe ni terme.*
*Nul ne saurait dire, en ce monde, au juste,*
*D'où il vient, où il va.*

*Chaque atome sur terre*
*Fut une joue de soleil, un front de Vénus.*
*La poussière qui se pose sur ce front délicat, essuie-la doucement :*
*Elle fut, elle aussi, visage et chevelure d'un être fragile.*

*Le nuage est venu répandre encore un pleur sur la verdure.*
*Sans vin couleur de rose, il ne convient de vivre*
*Ce gazon est aujourd'hui offert à nos plaisirs*
*Le gazon de notre tombe, qui donc en jouira ?*

*Ô toi qui es venu plein d'ardeur du monde de l'esprit,*
*Toi qui t'interroges, perplexe, sur les chiffres cinq, quatre, six et sept,*
*Bois, car tu ne sais d'où tu viens,*
*Livre-toi au plaisir, car tu ne sais où tu vas.*

*L'éphémère existence passe,*
*Comme l'eau dans la rivière, le vent sur la plaine.*
*De deux jours jamais je ne fus en peine,*
*Celui qui point encore n'est venu, celui qui déjà est passé.*

Avant toi et moi, déjà il y avait des nuits et des jours
Et déjà tournait la voûte mobile des cieux.
Tout lieu de cette terre où tu poses ton pas
Fut un jour la prunelle des yeux d'une beauté.

Les morceaux de la coupe une fois rassemblés,
L'ivrogne ne se croit plus permis de les briser.
Des membres si délicats, d'une main si soigneuse,
Avec tant d'amour, qui donc les a unis pour enfin, avec tant de haine, les briser ?

Le Seigneur, lorsqu'il a ordonné la nature,
Pourquoi l'a-t-il entachée d'imperfection ?
Si l'œuvre est réussie, pourquoi la briser ?
Et si elle ne l'est pas, à qui la faute ?

Mets le temps à profit, un jour tu perdras le souffle de la vie,
Tu disparaîtras derrière le voile mystérieux du néant.
Bois, tu ne sais d'où tu es venu,
Divertis-toi, tu ne sais où tu iras.

L'éclat du clair de lune déchire le sombre vêtement de la nuit.
Bois. Il ne saurait y avoir de moment plus propice,
Jouis de la vie sans penser, car le clair de lune bien souvent
Illuminera les uns après les autres nos tombeaux.

Boire du vin, prendre du bon temps, voilà ma règle.
Ne me préoccuper ni de créance, ni de croyance, voilà ma religion.
À cette fiancée qu'est le monde, j'ai dit « Que veux-tu pour douaire ? ».
Elle m'a répondu : « La tranquillité de ton cœur. »

Le bien et le mal qui entrent dans la nature humaine,
Les joies et les peines qui sont notre lot,
N'en rends point destin responsable, car en toute raison,
Le destin est mille fois plus infortuné que toi.

Lorsque la vie touche à sa fin, qu'importe douceur ou amertume ?
Lorsque la coupe est pleine, qu'importe Bagdad ou Balkh ?
Bois, car après nous, la lune souvent
Passera de son déclin à son croissant et de son croissant à son déclin.

Ces océans de vertu et de science,
Ces flambeaux illuminant l'assemblée des parfaits,
N'ont pourtant point trouvé d'issue hors cette nuit ténébreuse.
Ils ont raconté une histoire, et puis se sont endormis.

*Cette caravane de la vie, qu'étrangement elle presse,*
*Saisis donc l'instant dans le plaisir qui passe.*
*Echanson, pourquoi te tourmenter du lendemain pour les amis ?*
*Avance la coupe, car la nuit passe.*

*Il y avait une goutte d'eau, elle s'est engloutie dans la mer ;*
*Un grain de poussière, il s'est perdu dans la terre.*
*Venir au monde et le quitter, qu'est-ce à dire ?*
*Une mouche s'est montrée, puis elle a disparu.*

*Il est un vase dont la raison loue la beauté,*
*Et qu'elle couvre de mille baisers amoureux.*
*Le potier du destin ne façonne*
*Semblable vase que pour le briser sur le sol.*

*C'est nous, le principe de la joie et la mère du chagrin.*
*Nous sommes le capital de la justice, le fondement de l'impunité.*
*Nous sommes vils et sublimes, nous sommes l'abondance et la disette,*
*Nous sommes à la fois le miroir rouillé et la coupe de Djam.*

*L'humaine récolte en cet univers tourmenté,*
*N'étant que de souffrir jusqu'au moment de rendre l'âme,*
*Heureux celui qui part au plus vite.*
*Et fortuné celui qui n'est même pas né.*

*Sur la branche de l'espoir, si j'avais trouvé un fruit,*
*J'aurais trouvé aussi le fil de mon existence.*
*Jusqu'à quand me faudra-t-il subir l'étroite prison de l'être ?*
*Que ne puis-je trouver la porte ouvrant sur le néant !*

*Ô produit des quatre éléments et des sept cieux,*
*Toi qui brûles de percer le mystère des chiffres sept et quatre,*
*Bois donc. Plus de mille fois je t'ai dit.*
*Qu'il n'y a pas d'espoir de retour et qu'une fois parti, tu seras parti.*[8]

En marge de la philosophie moderne, qui tente de dégager une notion du temps historique propre à l'homme, Henry Corbin a longtemps essayé de disposer du concept d'un temps « autre » que le temps des phénomènes historiques de notre monde. Il a mis en œuvre l'idée d'un temps psycho-spirituel autre que le temps quanti-

---

8. Omar Khayyâm, *Anthologie de la poésie persane*, textes choisis par Z. Safâ, trad. par G. Lazard, R. Lescot, H. Massé, Paris, Gallimard, 1964.

tatif, ceci par le biais d'un concept tiré de la philosophie visionnaire *Ishrâqi*, qui admet qu'il y a « trois catégories de temps :

1. Il y a un « temps opaque » (obscur, dense, lourd, *Zamân Kathif*). C'est le temps des êtres matériels, la durée des mouvements physiques, accomplis par des sujets physiques et tombant sous la perception et le contrôle des sens.
2. Il y a un « temps subtil » (*Zamân altaf*) qui correspond à la durée des mouvements spirituels produits par les êtres spirituels. Ceux-ci comportent tous les mouvements qui s'accomplissent dans le monde de l'âme.
3. Il y a le « temps encore plus subtil » (*Zamân altaf*). C'est le temps des Entités spirituelles supérieures. Si le revirement d'un temps à un temps autre est concevable, si la pensée peut accéder à ces univers symbolisant l'un avec l'autre, c'est que chaque chose du monde physique (*le molk*) a un *malakût* particulier qui la gouverne. À son tour, ce *malakût* a un *jabarût*. Autrement dit, pour chaque chose du monde sensible, il y a une image (*mithal*), et pour chaque image il y a une réalité archétype de lumière pure[9]. »

Nous avons vu que dans tous ces domaines recherchés le temps représente plusieurs aspects. Dans chaque cas de figure, sa présence est inévitable et sans commencement ; d'où sa nature qui semble être plutôt voisine d'une entité sans bord.

Le temps dimensionnel est comme un début de mouvement lancé vers l'infini, vers un second temps non mesurable qui s'impose en tant que durée, avec la durée comme mobile pour exister. Le temps se propage, comme la lumière qui nécessite la vue, d'un espace vers une durée non mesurable. Il se révèle présent dans chaque parcelle de vie pour donner sens à son mouvement sur le champ de l'univers, et prend également sens dans son propre mouvement. Considérant ces deux aspects de mouvement de temps comme les deux revers visible et invisible d'une même entité dans le temps, nous projetons celui-ci dans un rapport qui serait, une fois du côté du visible suivant

---

9. Henry Corbin, *En Islam iranien, aspects spirituels et philosophiques, L'intelligence spirituelle et les formes de la temporalité chez Semnâni et Qazî Saïd Qomi, Les penseurs iraniens du XIVe siècle*, Paris, Gallimard, 1972, t. III.

le cours des astres et des galaxies, et une fois dans une dimension invisible le liant à une durée sans fin dans le temps.

De cette manière, tout ce qui se trouve dans l'univers est confronté au temps. D'un côté le temps cyclique qui se mesure par des milliards d'années, et de l'autre côté son sens de la durée qui se voit confronté avec une donnée qui le dépasse. De cette façon, le temps devient petit et grand à la fois, et sa présence est une continuité sur la flèche d'un espace-temps de l'ordre de l'infini.

« Quant au propos que l'on avance, le maintenant est la fin du passé et par conséquent le passé est fini, — si l'on entend par là qu'il n'y aura pas d'autre fin après lui [qu'il est la fin], c'est un propos complètement frivole. Par contre, si l'on entend par là que le maintenant est une fin, et qu'après lui, il y aura d'autres cycles dont chacun sera la fin de ce qui le précède, c'est là un raisonnement juste ; car maintenant est la fin de ce passé et le début de ce qui est encore à venir, lorsqu'on suppose ce maintenant comme un *initium*. Des deux côtés, chaque temps du temps, c'est-à-dire le passé et l'avenir, est infini[10]. »

L'être humain, en rapport étroit avec la parcelle de temps qui lui est attribuée sur un espace modulable, avance. L'être existe, et de par son existence et la subtilité de son exister, son lieu sera façonné. Au fur et à mesure de la durée que chacun consacre à construire son espace, la masse en mouvement d'une existence prend forme et se place sur un plan d'infini non séparé de ces dimensions. À chaque individualité est donné un temps différent du temps d'une autre ; il en est également ainsi pour l'espace de chacun. Ce temps et cet espace sont en parfaite correspondance, dans la mesure où la raison même du mouvement de l'être résiderait dans la raison de l'existence de l'être lui-même. Comme le rappelle Henry Corbin, « pour chaque quantum du temps il se produit ce qui se passe pour un morceau de cire, par exemple, lorsqu'on le comprime ou bien au contraire, on l'allonge, sans que son quantum de matière soit diminué ou augmenté ; plus le corps est subtil, plus subtil est son quantum de temps, et plus il augmente et dilate sa capacité et son extension. »[11]

---

10. Sohravardi, *Le livre de la Sagesse orientale*, par Henry Corbin, Paris, Verdier, 1991, livre III, p. 173.
11. Henry Corbin, *En Islam iranien, aspect spirituels et philosophiques*, Paris, Gallimard, 1972.

Le temps et l'espace sont liés par un lien invisible, comme ils seront liés dans la mécanique quantique par des chemins appelés des galeries.

« Il s'agit des chemins impliquant ces étrangetés appelées galeries comme des tubes reliant des parties distantes de l'espace et du temps. Certaines des ramifications d'une telle structure sont illustrées par la figure ci-dessous. Elles fournissent de nouveaux moyens de connexion non locale dans l'espace et le temps qui pourraient avoir des conséquences imprévisibles. Si des particules émergent localement d'une galerie, des observateurs seraient alors les témoins de ce qu'ils pourraient interpréter comme une violation de certaines lois de conservation de la physique. Masse et énergie pourraient apparemment émerger du néant.[12] »

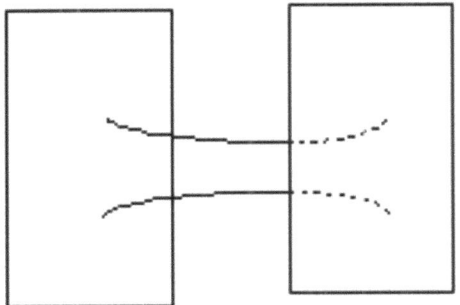

Une galerie joignant deux régions plates de l'espace-temps non déformé par la présence de masse énergie.

Pour conclure, nous pourrions dire que la réalité du temps, en tant que nombre du mouvement par rapport à l'espace, est essentiellement la raison même du mouvement dans l'espace. Comme nous l'avons précisé auparavant, la cause du mouvement étant le renouvellement de l'état de la chose, le temps permet le passage de la puissance à l'état de l'acte d'être dans l'espace. C'est de cette manière que le temps accompagne le « lieu », sans que ce dernier ait à proprement parler besoin d'un temps pour exister. L'un comme l'autre

---

12. John D. Barrow, *La grande théorie, les limites d'une explication globale en physique*, Paris, Flammarion, coll. « Champs », 1996, p. 140.

transcende toutes notions du temps et de l'espace par leur simple liberté. Ils sont comme les deux ailes de l'amour, symbolisées par l'amant et l'aimé.

Voici donc brièvement ce que nous avons essayé d'éclaircir sous le titre du temps.

Deuxième partie

## Le « lieu » et le problème de la représentation

## Chapitre premier

## L'espace de l'acte créatif

*Plus loin l'on va, et plus personnelle, plus unique devient la vie.
L'œuvre d'art est l'expression nécessaire, irréfutable,
définitive à jamais de cette réalité unique...
Là réside l'aide prodigieuse qu'elle apporte à celui qui est forcé de la produire...
Cela nous explique de façon certaine que nous devrons
nous livrer aux épreuves les plus extrêmes, mais aussi,
semble-t-il, n'en souffler mot, avant de nous enfoncer dans notre œuvre,
ne pas les amoindrir en en parlant : car l'unique,
ce que nul autre ne pourrait comprendre et n'aurait le droit de comprendre,
cette sorte d'égarement qui nous est propre,
ne saurait devenir valable qu'en s'insérant dans notre travail pour y révéler sa loi,
dessin original que seule rend visible la transparence de l'art.*

Rilke[1]

### Le présenté et le non représentable

Le point initial d'une présentation est une continuité présente à l'état pur dans toutes choses existant dans l'espace, que l'artiste tente de modeler en lui donnant sa place.

---

1. Reiner Maria Rilke, *Lettre à Clara Rilke sur Cézanne*, Paris, Édition de la fondation Maeght, 1971.

Ce que l'artiste représente est la forme extérieure d'un contenu venant d'un présenté qui devient la cause même de la présentation en tant que telle dans l'espace.

L'artiste dans son action s'empare d'une portion de l'espace dont il s'occupe au sens le plus global du terme ; c'est-à-dire qu'il aménage le « lieu qui contient l'essence même de l'espace dans le but de ramener cette essence à son origine. La forme présentée par l'artiste est en réalité la représentation de son propre lieu (sans forme). Il emprunte la forme qui, à un moment donné de la présentation, lui paraît la plus proche du lieu sans forme qui l'habite. Elle est le présenté de sa forme représentante. La représentation de toute forme est contrainte de se choisir un lieu, qui évoquera le problème du représenté se trouvant caché à l'intérieur de ce même lieu.

« Que la plénitude du bien soit représentée pour l'ensemble des êtres par l'amant et l'aimé nous fait connaître que ce qui meut l'amant, c'est l'amour pré-éternel *(ishq-é azali)* ; son esprit est embrasé par une beauté qui est l'actif. Pour que cette beauté de l'amour reconduise l'amant à la source archétype des lumières essentielles, il faut réciproquement que l'aimé soit investi, revêtu amphibologiquement *(moltabas)* des lumières de la puissance divine, en sa forme extérieure comme en son être moral[2]. »

C'est la substance première du contenu du lieu qui appelle à voir le contenant de ce même lieu, et non pas le contraire. L'artiste, celui qui aborde le lieu, fait appel à sa substance initiale, qui fait elle-même partie d'une substance globale première. Quelle que soit la présentation de l'artiste, la forme renvoie à une autre, encore plus grande dans la signification, qui demeurera sans forme et non représentable puisque cachée. Elle restera le sens vrai de la forme présentée, et son origine.

La perception d'un lieu est tout aussi bien la préoccupation de celui qui le conçoit que l'affaire de celui qui le regarde. Le contenu du représenté sera à ce moment-là l'autre côté du mouvement de la perception. De cette manière, celui qui perçoit l'image est chargé de transformer celle-ci par le contenu qui devient le sien, pour la faire entrer dans un processus de transcendance. En s'appuyant sur sa

---

2. Rouzbéhân-é Shirazi, *Le jasmin des fidèles d'amour*, op. cit., chap. IV, p. 71.

mémoire, l'observateur se souvient des choses qu'il croit reconnaître dans la représentation présente ; de la même manière, il renvoie à cette même image, la face non représentée de celle-ci. D'où le lien étroit qui réside entre le lieu et le temps, c'est-à-dire entre le lieu et la mémoire. Il ne s'agit pas de la mémoire organique, qui a le souci du réel, mais de celle qui évoque et marque la recherche d'un lieu-autre.

« Moi spectateur, je n'éprouve la sensation qu'en entrant dans le tableau, en accédant à l'unité du sentant et du senti. La leçon de Cézanne au-delà des impressionnistes : ce n'est pas dans le jeu « libre » au désincarné de la lumière et de la couleur (impressions) que la sensation est. Au contraire, c'est dans le corps, fût-ce le corps d'une pomme. La couleur est dans le corps, la sensation est dans le corps et non dans les airs. La sensation, c'est ce qui est peint. Ce qui est peint dans le tableau, c'est le corps, non pas en tant qu'il est représenté comme objet, mais en tant qu'il est vécu comme éprouvant telle sensation[3]. »

La perception de l'espace représente un lieu en soi. La façon dont chaque sujet perçoit l'image ou l'objet représenté est en relation étroite avec sa propre manière de percevoir, c'est-à-dire en fonction des éléments qu'il détient, de la distance qui le sépare de l'objet, et de la disparité de ses propres images. On va tenter de mieux comprendre l'importance du « lieu de la représentation » choisi en tant que moyen de percevoir.

« Imaginons un damier en perspective sur le sol, octogonal à l'horizon : toutes les diagonales du damier se croisent en un point sur l'horizon que l'on a appelé « point distance » parce qu'il permet, à l'aide de ses diagonales, de situer la profondeur en récession de chaque carré sur les lignes de fuite. Or, ce point distance se déduit justement de la distance de l'observateur au tableau : on peut le trouver en reportant celle-ci sur la ligne d'horizon à partir du point de fuite. Il y a ainsi un lieu précis, choisi par le peintre, devant le tableau, d'où l'on peut apprécier au mieux l'effet de perspective[4]. »

---

3. Gilles Deleuze, *Bacon, logique de la sensation*, Paris, La Différence, 1994, p. 27.
4. Erwin Panofsky, *La perspective comme forme symbolique*, préf. Marisa Delai Emiliani, Paris, Minuit, 1975.

Cet exemple nous permet de mieux approcher le problème de la représentation, grâce au point précis que l'artiste fait percevoir, rappelant à l'œil ce qui devrait être vu. Ce point représente la distance de l'observateur par rapport à l'œuvre, et garde en lui le double fonctionnement de la distance qui sépare également l'artiste de son œuvre propre. Ce point précis ne se distingue pas des autres par sa qualité géométrique, mais plutôt parce qu'il est le représentant d'une présentation ayant la particularité de faire percevoir quelque chose de précis à l'observateur. Il représente ce qui lie l'un à l'autre, dans les deux sens du terme. L'image perçue se trouve être le résultat d'une perception voulue, qui ne peut être autrement. Nous pourrions parler en même temps de la perception du lieu qui se fait par l'intermédiaire des signes, avec par définition la capacité de multiplier les possibilités de le voir à l'infini. Dans ce cas, l'écart du lieu représenté se séparant de l'observateur est reporté à l'infini. On se trouve de nouveau là face à cet infini, l'essence même de la cause de la représentation.

« La nécessité de l'écart pour l'observateur reporte à l'infini sa projection sur le plan du tableau. Puisque c'est aussi bien la loi de la géométrie projective, aucun point du plan de vision, c'est-à-dire du centre de projection, ne saurait avoir d'image sur le tableau d'une façon qui nous soit représentable, sinon à l'infini[5]. »

À ce moment précis, s'impose la problématique d'orientation dans l'espace qui à son tour suit le cours des symboles représentés dans le lieu de la représentation, nous aidant à nous orienter. Comme le dit Merleau-Ponty, « Ce qui importe pour l'orientation du spectacle, ce n'est pas mon corps tel qu'il est en fait, comme chose dans l'espace objectif, mais mon corps comme système d'action possible, un corps virtuel dont le lien phénoménal est défini par sa tâche et par sa situation. »

L'accès aux causes présentes d'un lieu de représentation se passe par un langage que l'artiste établit à partir de certains signes. Le spectateur capte la représentation d'un contenu par le biais de ce qu'il contient, c'est-à-dire ses représentants, ses symboles. Nous reviendrons sur ce point plus tard.

---

5. Jacques Lis, « Espace du regard dans la peinture », *op. cit.*, p. 160.

En regardant l'œuvre dans sa globalité, deux aspects de celle-ci s'imposent pour pouvoir l'approcher : Premièrement la question de la représentation elle-même, que je préfère nommer présentation par rapport à ce qu'elle représente, (celle-ci s'impose comme le lieu où ça se passe), et deuxièmement la question du présenté lui-même, qui constitue en réalité la chose contenue (et restant à découvrir) dans le lieu de la présentation. Le lieu ici a une grande importance comme endroit qui contient l'ensemble. Mais la véritable question demeure : quelle est cette essence qui fait que ce même lieu en tant que présentation existe ?

« Ce que la chose tient de la cause qui la fait émaner, c'est son ipséité.../... Tantôt une même chose a deux causes différentes, l'une étant la cause de sa genèse, l'autre, la cause de sa persistance. Par exemple, l'icône : la cause de sa production, c'est son auteur, et la cause de sa persistance sera, par exemple encore, la siccité de l'élément. Tantôt au contraire, la cause de la persistance et la cause de la genèse sont une seule et même cause, par exemple le vase qui donne à l'eau sa propre forme.[6] »

La chose de l'œuvre, autrement dit son présenter ou sa réalité effective, est antérieure à sa présentation. L'artiste lui-même ne fait que le découvrir et le mettre en valeur en lui donnant forme. Il y a un devenir sur place, autour duquel l'artiste puise pour tracer. Il y a quelque chose qui habite les lieux et qui s'impose.

« L'image et la réalité dont cette image est l'image sont toutes deux un objet, un « cela ». En outre, dans le cas où la connaissance de soi se produirait par l'intermédiaire d'une image, de deux choses l'une : ou bien le sujet ignore que c'est une image de lui-même, et partant il ne se connaît pas soi-même, ou bien il sait que c'est une image de lui-même, mais alors c'est qu'il se connaît d'ores et déjà soi-même par l'intermédiaire de cette image. C'est donc que, de quelque manière que ce soit il est inconcevable qu'une chose se connaisse elle-même par une réalité qui s'ajouterait à elle, car cet additif serait un de ses attributs[7]. »

---

6. Shahab od-Dîn Yahya Sohravardî, *Le livre de la sagesse orientale* (Kitâb Hikmat al-Ishrâq), trad. et notes Henry Corbin, Paris, Verdier, 1986, livre III, p. 176.
7. Henry Corbin, *op. cit.*, livre premier, p. 102.

À la lumière de Sohravardî, il sera bon de préciser que le présenté n'est pas toujours représentable, c'est-à-dire qu'il reste régulièrement une part cachée de la substance du représenté à découvrir. L'invisible est là, mais pas sous forme d'une absence. C'est la magie de l'art.

L'artiste façonne la face vraie des choses en les mettant à la portée de la réalité (même si celle-ci n'est que la sienne). Mais la véritable essence du vrai est « non représentable » ; autrement dit, en se référant au langage de Deleuze, c'est le dehors de la présentation. Ce qui se présente comme le présenté est le résultat d'un appel à la présence, engagé par celui qui le crée en lui donnant le désir d'être connu.

« Il existe une tradition sacrée dans laquelle la Divinité dit : j'étais un trésor caché. J'ai aspiré à être connu, aussi ai-je créé l'univers. La dramaturgie de la création se déroule à partir du non-être vers l'être, du désir d'être connu. Le Divin comprend les possibilités qu'il renferme et il les manifeste. C'est en quelque sorte le mystère émergeant de l'obscurité primordiale pour entrer dans la lumière[8]. »

*Imam Ali accompagné de ses fils, Hassan et Hossein*, 1978, huile sur toile, 94 x 140 cm, Iran, datant de la fin de la période Zand et du début de la période Qajar.

---

8. Laleh Bakhtiar, *Le Soufisme, expression de la quête mystique*, Paris, Seuil, 1976, p. 12-13.

## L'extérieur et l'intérieur

*Dans ton âme, il y a une âme : cherche cette âme.*
*Dans le mont de ton corps, il existe une perle : cherche cette mine*
*O soufi pèlerin ! Si tu cherches celui-ci*
*Ne cherche pas en dehors de toi : cherche en toi-même.*

Rumî[9]

### Dehors et dedans dans une œuvre

L'artiste, pour mettre en scène les éléments de son intérieur, a besoin d'exprimer ceux-ci au-dehors. On pourrait nommer ça l'espace de sa création, ou plutôt le support du contenu de sa création. Cet espace n'est en réalité qu'une portion de l'espace dans sa globalité. L'artiste s'en est emparé pour y tracer les emprunts d'une substance de nature totalement interne, détenant à la fois le dehors et le dedans. Hegel explique cette intériorité comme existant déjà sur place, comme un potentiel en puissance qui passerait à l'acte par une représentation manifestée à l'extérieur.

« Cette intériorité se manifeste bien au-dehors, mais d'une façon telle que l'apparence extérieure n'est vraiment pas autre chose que le côté extérieur d'un sujet qui intérieurement existe en lui-même. (.../...) On assiste donc ici, le plus souvent en raison de cette indépendance plus grande de l'objectif et du réel, à la représentation de la nature et même de ses objets les plus particuliers ; mais malgré toute la fidélité de la conception, ces objets n'en doivent pas moins faire apparaître ne serait-ce qu'un reflet du spirituel, et rendre visible dans leur réalisation artistique la participation de l'esprit, la pénétration de l'âme jusqu'aux extrêmes limites de l'extériorité[10]. »

Si l'œuvre est le résultat d'une réalisation externe venue d'un dedans inexpliqué, lui-même issu d'un extérieur venant de l'infini, comment évaluer celle-ci : commence-t-elle à l'intérieur ou bien à l'extérieur ? En même temps, puisque l'extérieur et l'intérieur se constituent dès le moment où un point fait démarrer une œuvre,

---

9. Mowlânâ Djalâl od-Dîn Rumî (1207-1273), poème tiré de *Rubâi'yât*, Paris, Albin Michel, 1987.
10. Hegel, *Introduction à l'esthétique, le beau*, Paris, Flammarion, coll. « Champs », 1979, p. 187.

celle-ci, par son existence même, déclenche un processus d'enchaînement d'espace dont on se demande où commence le dedans et où s'arrête le dehors.

« C'est une erreur de croire que le peintre est devant une surface blanche. La croyance figurative découle de cette erreur : en effet, si le peintre était devant une surface blanche, il pourrait y reproduire un objet extérieur fonctionnant comme modèle. Mais il n'en est pas ainsi. Le peintre a beaucoup de choses dans la tête, ou autour de lui, ou dans l'atelier. Or, tout ce qu'il a dans la tête ou autour de lui est déjà dans la toile, plus ou moins virtuellement, plus ou moins actuellement, avant qu'il ne commence son travail[11]. »

L'œuvre une fois créée présente une étendue qui engendre le dehors et le dedans, sans être pour autant de la nature de l'un ou de l'autre. C'est l'endroit qui englobe la présentation et la présente à la fois, et si on pouvait attribuer la présentation au domaine de l'extérieur ou du visible, et le présenté à l'intérieur ou à l'invisible, cet endroit représenterait « le lieu », c'est-à-dire « ce en quoi » l'exister existe par excellence.

L'artiste perçoit l'œuvre comme un réceptacle de sa propre substance originelle. L'artiste lui-même étant habité par un lieu et étant lieu des choses qui l'habitent, devient réceptacle de sa propre œuvre comme lieu de rencontre entre ce qu'il voit, ce qu'il a vu, et ce qui pourrait être vu. C'est dans cette multiplicité qu'il conçoit finalement une œuvre unie, issue d'un tout qui contient et n'est que ce qui résulte de tout ce processus, tout en constituant la substance du départ.

« Quand je dis donc que tout visible est invisible, que la perception est imperception, que la conscience a un *punctum caecum* », que voir, c'est toujours voir plus qu'on ne voit, il ne faut pas le comprendre dans le sens d'une contradiction, il faut comprendre que c'est la visibilité même qui comporte une non-visibilité. Le monde perçu (comme la peinture) est l'ensemble des chemins de mon corps, et non une multitude d'individus spatio-temporels – l'invisible du visible[12]. »

Chaque forme de création artistique a son rapport avec ce que l'on pourrait nommer l'extérieur et l'intérieur. Dans tous les cas de

---

11. Gilles Deleuze, *Bacon, logique de la sensation, op. cit.*, p. 57.
12. Maurice Merleau-Ponty, *le visible et l'invisible*, Paris, Gallimard, 1993.

figure, l'artiste reste le même, c'est-à-dire avec cette même capacité de contenir ceux qui pourraient l'habiter, et ce même potentiel d'habiter en lui-même. Mais puisque le matériel, la façon de la mise en œuvre et le langage employé dans chacune des formes d'expression artistique changent à chaque fois, (ce qui au départ est sans doute dû à la différence qu'il y a entre le lieu de chacun, pourquoi choisir une voie plus qu'une autre par exemple), il faudra regarder dans chaque art sa manière d'exister afin de déterminer ensuite son espace.

En ce qui concerne la peinture, (dont je me préoccupe plus particulièrement, j'en connais sans doute mieux le principe), en nous référant à Hegel pour parler des étendues et de leur figuration, nous revenons à notre principal sujet de discussion, celui qui présente l'étendue comme l'espace de la représentation de l'œuvre. Le peintre crée un espace tout en faisant partie de sa totalité ; il se fait ainsi surprendre par son propre espace créé. L'espace ainsi réalisé est le résultat d'une invention liée à une liberté totale, le propre de l'homme. L'artiste détient un tout et il le façonne à sa manière. Ce tout est sûrement présent dès le point de départ, mais c'est le peintre qui le fait paraître en s'emparant de l'étendue qui le contient.

Pour revenir à cette notion du dehors et du dedans dans la peinture, nous retombons à chaque fois sur l'évidence que la totalité englobe à la fois le dehors et le dedans. Nous voyons que ceci ne fait pas exception en ce qui concerne la peinture.

Autrement dit, dès que le peintre trace le premier point, mise dans le potentiel d'un extérieur établi antérieurement, ce point devient l'intérieur dès la première ligne tracée. Ceci est dû au fait que cet intérieur apparu soudainement était contenu dans l'étendue de l'extérieur. Bien entendu, dès l'instant où l'extérieur est le tracé de l'univers interne de celui qui le crée, il change de vocation et devient entièrement, aussi bien que tout le reste, de l'ordre du dedans.

Si on considère l'invisible comme venant de dedans, ou le non-dit du peintre venant de son intérieur, à partir du moment où il choisit un endroit (la toile) pour le mettre en évidence, il le rend visible, et par conséquent entre dans le dehors. Autrement dit, le même contenu pourrait être de l'ordre de l'intérieur et de l'extérieur à la fois sans pour autant être de la nature de l'un ou de l'autre.

## La peinture, expression visible de l'imaginal

Comme nous l'avons précisé au début de cette partie, le lieu d'une présentation ne doit à aucun moment être confondu avec l'espace de celle-ci. En effet, l'espace est le garant de la constitution de l'œuvre sur un plan dimensionnel, tandis que le lieu d'une œuvre la constitue et permet son existence sur un plan essentiellement imaginaire. Cette destination nous permet de mieux comprendre ce qu'Hegel appelle le contenu proprement dit d'une œuvre et l'âme de celle-ci.

L'espace d'une œuvre est le support de son contenu, sans qu'il la contienne en tant que source. Le contenu d'une œuvre a pour contenant une étendue incommensurable, présente mais non représentable dans la présentation. L'œuvre, de sa propre nature, habite cette étendue et lui appartient, de même que cette dernière l'habite dès l'origine. Quand on parle de l'étendue non représentable, c'est précisément là qu'il faut entendre l'espace de l'acte créatif, ou autrement dit son lieu, pour le distinguer de l'espace tout court.

L'œuvre dans sa totalité, en tant que l'exister d'une présentation, a besoin de l'espace pour être perçue. Cet espace, antérieurement bâti sur un vide initial, conçoit le tout.

D'après Hegel, la détermination principale du contenu de la peinture est celle de la subjectivité en soi ; ce qu'il explique par la suite en trois points essentiels de sa pensée que nous allons développer. D'abord : « La subjectivité, tout en pénétrant l'extérieur comme une objectivité qui lui appartient, est en même temps l'identité qui se détache de l'extérieur pour rentrer en elle-même. »[13]

En effet, toute représentation est l'image d'une réalité qui est elle-même le reflet ou l'image d'une autre intériorité, cachée dans l'apparent d'une œuvre. Dans le deuxième point, Hegel affirme que « La subjectivité est capable de s'assimiler toutes les particularités pour faire entrer chacune d'elles dans son intériorité, et c'est seulement dans cet enchaînement avec la réalité concrète qu'elle se révèle elle-même concrète et vivante ». Ce qui reviendrait à dire qu'en effet, l'œuvre, dans sa forme représentative et finale, ne prend sens qu'en contact avec le dehors d'un regard qui lui donne vie. Autrement dit : être, c'est être perçu.

---

13. G. W. F. Hegel, *Esthétique des arts plastiques*, Paris, Hermann, 1993.

«.../...Chacune des deux formes que j'imagine et que j'intellige est aussi réelle, sinon plus, que celle que je vois.[14] » Revenons au troisième et dernier point de vue d'Hegel sur le contenu de la peinture : « Ce que celle-ci cherche en effet à exprimer dans ses représentations, c'est l'âme, car ce qui vit dans l'âme existe d'une façon subjective, tout en participant en même temps de l'objectif et de l'absolu.[15] »
Ce qui est ici présenté par Hegel comme le contenu de la peinture n'est en réalité que la cause antérieure de toutes représentations ; à savoir l'invisible de la représentation, autrement dit le non-représentable. Ceci vient justement rejoindre la pensée Sohravardienne, dans son essence la plus pleine, lorsqu'il affirme : « L'imagination active transpose toujours une forme en une autre forme qui est en correspondance et en ressemblance avec ce que l'âme a vu. »[16]

C'est dans ce sens que le lieu devient une subtilité initiale, puisée et affrontée par l'artiste qui se met en position de créer. Sur l'espace qu'il choisit comme l'endroit de l'affrontement (ici la toile), son sens va coïncider avec la substance déjà en place qui constitue sa propre essence. L'étendue qui lui donne l'occasion de cette coïncidence est le lieu.

Si les divers sens du lieu qui se trouve ensuite face à l'œuvre ainsi créée sont confrontés à leur propre substance, ou autrement dit à leur lieu, nous pourrions dire qu'à ce moment-là il s'est passé quelque chose. Cette superposition de lieux (celui du regardeur et celui du créateur) est de l'ordre de l'inexplicable, et c'est la raison pour laquelle, dans cette forme de présentation, on pourrait parler de re-présentation du non-représentable. C'est là exactement que se cache l'invisible de l'acte créatif, et que se trouve l'espace de cet acte même. C'est dans le cadre de cette approche de la perception que le sensible de la pensée visionnaire se voit pénétrer dans le comment de cette perception, grâce au monde imaginal d'où sera transposée toute activité de l'âme pensante.

---

14. Christian Jambet, L'acte d'être, la philosophie de la révélation chez Mollâ Sadrâ, op. cit.
15. G. W. F. Hegel, Esthétique des arts plastiques, op. cit.
16. Sohravardi, L'archange empourpré, notes et commentaires sur l'œuvre par Henry Corbin, Paris, Fayard, 2002. Tiré du Livre des tablettes, p. 104.

Il y a l'espace de l'œuvre qui lui donne existence au sens plastique du terme ; et il y a l'espace de l'existence de l'œuvre contenu en elle-même, venant du monde imaginal, qui est son existence au sens philosophique du terme. Ces deux espaces sont bien distincts, mais l'œuvre a besoin de ces deux aspects pour voir le jour et pour exister.

## L'espace, autrement vu

Dans la peinture, sur une surface établie et présentée comme l'endroit qui engendre l'acte de créer, nous sommes confrontés à deux dimensions différentes. Ces deux aspects tentent continuellement de faire surgir une troisième dimension, tantôt par la couleur tantôt par le dessin.

L'espace, géographiquement parlant, se crée par rapport aux dimensions qui lui sont données par le peintre. Celui-ci s'empare de l'espace présent initialement vierge, représentant une portion de l'espace primordial qui engendre l'acte même de créer. Sur un plan purement philosophique, l'espace est déjà présent, l'artiste tente de le représenter ; ceci n'a pas de dimension particulière. Se pose également la question du sens dans une œuvre. Celle-ci prend un sens une fois terminée. Ce sens n'est nullement établi par rapport à un code ou à un langage préexistant, et n'engage pas celui qui regarde l'œuvre à trouver l'espace dans un ordre plutôt qu'un autre.

L'espace d'une œuvre change lors de chaque représentation. L'invisible est toujours présent sur une toile ; il suffit de voir autrement. Ce qui s'entend par l'invisible, ce n'est pas la partie cachée des formes ou bien le dos d'une face. L'invisible est plutôt l'image d'un visible qui se trouve reflétée dans une représentation. L'invisible n'est pas l'idéal des formes représentées mais la vérité des formes présentes. Tous les aspects de la forme sont déjà là, en puissance dans l'invisible, et ils s'actualisent dans la représentation visible de l'œuvre. Ce qu'il faut savoir, c'est que le degré de l'intensité de la perception, autrement dit le regard, réactualise constamment les deux faces d'une œuvre. « L'unité fondamentale du sujet et de l'objet repose sur l'unité d'un seul et même acte d'exister de l'objet et du sujet. On ne perçoit qu'à la hauteur d'horizon dévoilé par son propre acte d'exister, et l'on révèle dans l'objet perçu cette même hauteur d'intensité. »[17]

C'est de cette manière que le regard, en tant que tel, représente à lui seul un nouvel espace présent dans les champs de la peinture.

## L'espace du regard dans la peinture

*Qui plonge ses regards dans ses propres arrière-plans,*
*c'est sa propre lumière qu'il voit venir vers lui,*
*et si elle est claire et pure, le corps tout entier est lui aussi rempli de lumière.*
*Si l'œil n'était pas (de nature) solaire, il ne pourrait voir le soleil.*

Gœthe, « Zahme Xenien III »[18]

La peinture, à la différence des autres arts, comme le souligne Bernard Rancillac, « se consomme en silence. »[19]

Tout est dans le regard, au-delà du regard sensoriel, affectif ou sociologique, dont Rancillac développe les points dans son ouvrage ; sa conclusion mène à un quatrième regard qui serait de l'ordre d'un regard métaphysique, faisant appel à l'œil afin de voir l'invisible et le non-représentable. Si parmi toutes les formes d'expression artistique, le peintre a pris le parti du dévoilement de l'invisible, ce processus de dévoilement, à commencer par le premier point qui constitue l'œuvre jusqu'à la perception de l'œuvre une fois achevée par le regard de spectateur, est non sans rappeler la structure du monde de *Ishraq*, basé sur les trois concepts de « beauté, amour et nostalgie. D'après les essais d'Henry Corbin à ce sujet, « La structure du monde de *Ishraq*, les *dramatis personea* (beauté, amour, nostalgie) ne sont ni allégories, ni ce que l'on se contente le plus souvent d'expliquer comme des abstractions personnifiées. Ce sont des typifications. Les typifications ne se produisent ni au niveau de l'universelle logique du concept, ni au niveau du singulier de la perception sensible. Une pure essence, antérieurement à ces deux niveaux aux-

---

17. Christian Jambet, *L'acte d'être*, chap. II, 2ᵉ part., « Les naissances de l'âme », *op. cit.*, p. 273.
18. Wolfgang von Goethe (1749-1832), « Zahme Xenien III », extrait de *Docile Xeni*, dern. éd., vol. I-IV, *Gedichte*, Stuttgart et Tubingen, Cotta, 1827.
19. Bernard Rancillac, *Voir et comprendre la peinture*, Paris, Bordas, 1991.

quels elle est indifférente de par elle-même, est ce qu'elle est, et ne peut avoir de forme d'apparition (*mazhar*) qu'au niveau du *mundus imaginalis* dont l'organe de perception est l'imagination métaphysique. »[20]

L'être pris par la splendeur de la « beauté » tombe « amoureux », et durant toute la durée de son existence tente de se la rappeler. On voit parce qu'on a vu. Tout le mystère de voir au-delà de l'apparent est là. C'est donc une mise en accent de l'importance de la place du regard comme moyen de définir une œuvre.

Pour le peintre, la toile est un champ réel sur lequel il pourrait exercer la cure de sa vérité profonde, et sur laquelle il pourrait refléter comme dans un miroir son regard sur un monde du passé qui a appartenu à un temps qui le divise. C'est ce qui lui rappelle qu'il est et qu'il a été. C'est lui qui fait reconnaître sa propre image dans la source de l'autre, et c'est dans ce rapport de la représentation par le peintre avec le présenté que le spectateur reçoit un rapport d'union et de division. C'est le monde vrai et le reflet réel de ce même monde. Le reflet réel dépend entièrement du degré de transparence et d'opacité de notre regard.

Regarder le sujet d'une image représentée est une manière de voir la chose présentée et de voir l'objet qu'il voile, et ainsi de s'apercevoir qu'il est un autre. « La réalité dépend, soit de l'opacité de notre regard, soit de la transparence du dévoilement qui, en élargissant indéfiniment le champ des possibles, en révèle les octaves supérieures et la laisse d'autre part apparaître telle qu'elle est[21]. » Nous ne pouvons pas ne pas citer ce distique du XIIIe siècle, qui dès la première ligne, affirme : « Au cabaret des mages, je vois la lumière de Dieu ». Il nous rappelle que l'essentiel est de dévoiler l'image pour voir l'invisible du représenté. Cela ne dépend que du regard qui s'y dépose afin de dépasser le dehors qui le sépare de la vérité d'un reflet présenté.

---

20. Notes de Henry Corbin sur l'œuvre de Sohravardi, *L'archange empourpré*, Paris, Fayard, 2002, Prologue II de la seconde partie, intitulé : « La doctrine devenant événement de l'âme », p. 189.
21. Daryoush Shaygan, préf. pour *Les pas de l'eau*, de Sohrâb Sépéhri, Paris, La Différence, coll. « Orphée », 1991.

> *Au cabaret des Mages, je vois la lumière de Dieu*
> *Quelle étrange chose que d'apercevoir telle lumière en tel lieu !*
> *Ne cherche pas à m'en imposer, ô préfet du pèlerinage,*
> *Où tu ne vois que la maison, je vois, moi, le maître de maison.*
> *Des tresses des idoles, je veux répandre l'odeur du musc*
> *Dessein présomptueux, et peut-être ai-je tort ?*
> *La brûlure du cœur, les larmes versées, les soupirs au matin, les sanglots nocturnes,*
> *Tout cela, c'est votre regard plein de grâce qui me le fait éprouver,*
> *À chaque instant, un nouvel aspect de ton visage s'impose à moi.*
> *À qui dire tout ce que je découvre sur ce rideau ?*
> *Nul n'a respiré dans le musc du Khôtân ou celui de la Chine,*
> *Ce que chaque matin m'apporte le souffle de l'aube ;*
> *Amis, ne blâmez pas Hafiz de son libertinage,*
> *Car je le vois parmi les proches de Dieu !*
>
> Haféz-é Shirâzi[22]

Les symboles, typifiés par la présence d'une représentation, transcendent l'image représentée pour rappeler dans l'acte même de la perception le sens caché de ce qui est dévoilé, grâce au regard de celui qui voit ce que celui qui avait vu a voulu laisser transparaître.

En peinture, il y a une multitude d'exemples montrant l'effort du peintre à présenter le non représentable par une image qui demande à être vue autrement. Le créateur, comme cela était expliqué dans la partie précédente, puise dans sa substance d'origine, et cela appelle par la nature même du procédé le désir de présenter le non démontrable.

« Il appartiendrait donc au peintre de *faire voir* une sorte d'unité originelle des sens, et de faire apparaître visuellement une figure multisensible. Mais cette opération n'est possible que si la sensation de tel ou tel domaine (ici la sensation visuelle) est directement en prise sur une puissance vitale qui déborde tous les domaines et les traverse[23]. »

Il ne faut pas oublier que l'espace d'une œuvre se réalise en faisant coïncider le lieu qui l'accueille en tant qu'espace plastique d'une réalité du dehors, avec le lieu imaginaire d'un regard qui le transforme en véritable sujet d'interrogation ; ceci face à une vérité primordiale

---

22. Hâfez-é Shirâzi, poème tiré de *Anthologie de la poésie persane*. Textes choisis par Z. Safâ, trad. par G. Lazard, R. Lescot et H. Massé, Paris, Gallimard/Unesco, 1964.
23. Gilles Deleuze, *Bacon, logique de la sensation*, Paris, La Différence, 1994, p. 31.

d'origine interne qui constitue, dès le premier point, la totalité de sa cause à exister.

L'espace d'un regard, dès qu'il se détache de sa source, devient indétachable de son origine substantielle. Il ne constitue pas de bord avec l'œuvre et se manifeste comme venu d'un champ extrêmement subtil, qui n'est ni du domaine du dehors ni de celui du dedans. Mais puisque voir nécessite de sortir de la masse potentielle d'un individu et ensuite, pour pénétrer une œuvre, de faire rentrer cette partie de soi dans le potentiel d'une œuvre, on aura tendance à penser que, de cette manière, l'extérieur met en place une fonction invisible destinée à franchir un bord de même nature afin de pénétrer l'indicible de l'acte créatif d'une œuvre. Sur un plan purement plastique, ceci pourrait en partie être le schéma approprié de la pénétration d'une œuvre ; mais en vérité, le regard extérieur n'existe pas. Tout système fait partie d'un tout présent dans tout exister, et mis en marche par l'appel lancé de l'œuvre présente en quête de non représentable.

*Autoportrait*, François Bacon, 1985, huile sur toile, 198 x 147 cm.

L'artiste a le don ou la transparence d'un regard pour aller au-delà de l'image. Il fait ainsi le travail de l'union d'un extérieur et d'un intérieur, ceux-ci n'étant divisés que parce que l'on a tendance à créer des bords là où il n'y en a pas. C'est ainsi que nous pourrions voir la vérité d'une chose, là où d'autres ne voient simplement que la chose elle-même.

L'appel de l'artiste à voir autrement a créé un nouvel espace qui, en exagérant parfois, en renversant ou défigurant, tente de montrer cette vérité au-delà de l'image : La figure de l'infigurable. Détruire pour rétablir rappelle exactement le processus de l'anamorphose parue au XVIIe siècle, qui avait pour but de transformer les figures et les compositions connues par une certaine règle précise.

« Au lieu d'une réduction progressive de leurs limites visibles, l'anamorphose est une dilatation, une projection des formes hors d'elles-mêmes, conduites de sorte qu'elles se redressent à un point de vue déterminé : une destruction pour un rétablissement, une évasion, mais qui implique un retour. Le procédé est établi comme une curiosité technique mais il contient une poétique de l'abstraction, un mécanisme puissant de l'illusion optique et une philosophie de la réalité factice[24]. »

Pour venir à ces exemples contemporains de peintres ayant traité l'espace autrement vu, on pourrait citer Francis Bacon, qui en transformant la figure tente de soulever la face cachée de cette même figure. L'espace de Bacon est constitué de surfaces peintes en arrière-plan qui sont des étendues de couleurs ouvertes à diverses possibilités, et destinées à pouvoir placer l'espace de chacune à sa manière face à ces étendues. Si les personnages anamorphosiques de ses sujets s'étalent volontairement sur ces étendues, entre le vide et le plein, c'est pour laisser voir ses sujets transfigurés comme la face visible d'une représentation par celui qui les perçoit.

L'espace de Bacon, qui organise plastiquement son exister, doit nécessairement passer par ces figures transformées pour que l'espace de l'existence de son œuvre contenu dans l'œuvre même puisse prendre vie en tant que la représentation de son exister. Il le précise lui-même en disant « Ce que je veux faire, c'est déformer la chose et

---

24. Jurgis Baltrusaitis, Les anamorphoses, Paris, Flammarion, 1984.

l'écarter de l'apparence, mais dans cette déformation la ramener à un enregistrement de l'apparence.../... les déformations me semblent transmettre l'image avec plus de force. »

Si nous traçons un cheminement en fonction d'une œuvre d'art, aussi bien dans l'espace dimensionnel qu'elle occupe que dans le lieu imaginaire qu'elle prétend évoquer, elle aura toujours pour mission de véhiculer une sorte de vocation à vérifier les éléments contraires : les éléments divisés du regard du dehors et du sujet du dedans, les éléments opposés d'une réalité visible et d'une une vérité invisible, les éléments contraires qui créeront la forme concrète d'une contemplation parfaite, etc. Dans tous les cas, dans chaque représentation, plus l'idée s'éloigne de l'encombrement d'un monde déjà vu, plus elle se rapproche de son essence primordiale qui transforme plutôt qu'elle ne crée.

Le lien étroit qui relie l'espace d'une œuvre à la définition de cet espace en fonction de chaque regard est inexplicable. C'est l'un des grands mystères de l'art.

Il faudra rappeler, au risque de se répéter, que dans une œuvre le tout provient d'une substance unique, contenue au point de départ de l'œuvre. La totalité de la vérité d'un représenté se saisit dans le lieu même où l'exister rencontre l'un, antérieurement sur place à l'état de potentialité. Autrement dit, encore une fois, là où les uns voient la vérité de la chose, les autres ne voient que la chose elle-même.

« Si l'on veut assigner à l'art un but final, ce ne peut être que celui de révéler la vérité, de représenter d'une façon concrète et figurée ce qui s'agite dans l'âme humaine.../... L'art évolue dans cette sphère qui est la plus élevée, qui est celle de l'idée de la conciliation des contraires[25]. »

---

25. G. W. F. Hegel, *L'introduction à l'esthétique, le Beau*, trad. S. Jankélévitch, d'après l'édition allemande de 1835, Paris, Flammarion, coll. « Champs »,1979.

Chapitre II

# L'essence d'une œuvre

*Laisse le nom et considère les attributs,*
*afin que les attributs t'emmènent vers l'essence.*
*Quand tu auras disparu dans l'essence, tu seras délivré de toi-même,*
*tes yeux verront comme une même chose le bien et le mal.*
*L'hostilité entre les hommes provient des mots,*
*mais quand nous arrivons à l'essence, il y a la paix.*

Rumi[1]

Dans ce chapitre, nous aimerions tourner entièrement le fondement de notre sujet vers le fondement même de la pensée de Sohravardi.

Si représenter l'invisible est le pari de la peinture, cet invisible n'est pas concevable au sens matériel de l'œuvre. Il ne renvoie pas aux cinq sens, ni même au-delà, comme ordinairement recommandé. Le sensible est la vérité de la lumière à laquelle Sohravardi est si profondément attaché. Il est vrai que selon la conception platonicienne, il faut voir le sensible non comme un être matériel, mais comme l'ombre divine des êtres de lumière. « Sohravardi élabore une extraordinaire théorie de la vision qui n'est rien que la coïncidence de deux lumières,

---

1. Mowlânâ Djalâl od-Din Rumî, *Fihi-ma-fihi-*, t. II, *Le livre du dedans*, traduit par Eva Vitray-Meyerovitch. Paris, Sindbad, 1976.

celle du regard et celle de l'icône, lorsque le voile des ténèbres s'est levé. C'est toujours la même nature et ce n'est plus la même : l'envers ténébreux s'est retiré dans les profondeurs, laissant à la surface le miroitement intelligible qui est aussi la vérité du sensible. Le sensible lumineux ou sonore et le véritable suprasensible. »[2]

La rencontre de l'essence et du sens, là où le regard pris par l'image perce le mystère de l'art, est le « lieu » de l'apparition de l'invisible. Le « lieu » est ce réceptacle sans forme qui à un moment donné a su contenir la lumière émanant de l'œuvre, et qui l'a faite capter par la lumière d'un regard.

Le regard qui sait voir et reconnaître dans une représentation la face de l'invisible et le non représentable, ce regard-ci est le garant du secret de l'art. L'essence de l'œuvre est sans doute ce contenu sans forme qui, en prenant l'empreinte d'un monde du visible, fait apparaître sous la forme la plus difforme qui soit ou parfois selon un système bien organisé, la vision d'une lumière qui oppose de par sa force le clair et l'obscur, le vide et le plein, et toute autre dualité s'« entreinterchoquant » sur une toile « Voir, c'est avoir part à la lumière, c'est entrer en elle, être éclairé par elle, c'est être dans le monde[3]. »

C'est dans l'analyse du travail de Kandinsky que Michel Henri tente d'associer l'ancienne idée grecque du phénomène à la pensée spirituelle, qui pourrait à son tour être dégagée de la phénoménologie en général. L'activité picturale, en plus d'avoir la particularité de représenter le monde et ses objets, a la faculté d'appartenir au statut du visible de l'au-delà du monde des phénomènes. À la recherche de significations créatrices véritables, elle est constamment en contact avec, et en provenance directe de ce que nous avons auparavant nommé l'invisible. L'invisible, c'est directement ce que Kandinsky appelle l'intérieur. Pour Kandinsky, il existe des nécessités intérieures qui seraient au nombre de trois. Selon lui : « Deux d'entre elles sont subjectives, c'est l'élément de la personnalité propre de l'artiste et le langage de l'époque et de la nation. La troisième, elle, est objective, c'est le pur et éternel artistique. Il est propre à l'art et commun

---

2. Christian Jambet, introduction à Shahâb od-Dîn Yahyâ Sohravardî, *Le livre de la Sagesse orientale* (Kitâb Hikmat al-Ishrâgh), *op. cit.*, p. 31.
3. Michel Henry, *Voir l'invisible, sur Kandinsky*, Éd. François Bourin, 1988.

à tous les hommes, tous les peuples et tous les temps. Il est l'essence même de l'art et comme tel, ne connaît ni espace ni temps[4]. »

En effet, l'essence de l'art ne connaît ni espace, ni temps. Il serait aussi absurde de lui attribuer un commencement que de parler d'un début dans le temps ou d'un emplacement dans un endroit donné. Si l'art est l'expression visible d'une manifestation, son action sera de faire remonter chaque chose à sa signification. Ainsi, nous sommes renvoyés au fondement même du thème de l'herméneutique permanente qu'est l'exégèse mystique. Henry Corbin clarifie ce thème au plus profond de la pensée Sohravardienne : « Chaque chose se divise entre la manifestation (*zahir*) - l'apparition du sens caché (*batin*) et le sens caché lui-même. »[5]

Ce que Kandinsky appelle la nécessité intérieure se présente nécessairement dans une œuvre comme une réalité extérieure. Le spectateur détient une série de codes extériorisés comme représentants d'un invisible. Le spectateur est obligé de les déchiffrer par le moyen de sa propre nécessité intérieure. Les éléments d'une représentation pourront conduire un spectateur à rentrer dans le cœur de la nécessité intérieure de l'artiste. Cette rencontre corps – esprit se fera au prix de rentrer dans la surface extérieure d'une œuvre pour retrouver l'image unique qui renvoie à la réalité effective demeurant dans l'œuvre, le sens caché même.

Une œuvre, en l'occurrence une peinture, détient son unité grâce à la multiplicité comprise dans l'œuvre même. L'œuvre est inévitablement le produit d'un temps et se trouve prise dans un espace. Chacun de ces deux éléments y est contenu avec sa particularité propre, sans pour autant pouvoir séparément représenter le sens caché qui les accompagne tous deux. Par exemple, l'espace de l'œuvre (au sens spatial du terme) est indubitablement la raison ou le garant donnant à l'œuvre le pouvoir d'exister ; mais ce n'est pas pour autant que nous allons retrouver l'exister de l'œuvre singularisée présentée dans son espace. Nous pourrions alors conclure par une non-spatialité de l'espace dans l'œuvre d'art.

---

4. Philippe Sers, introduction à *Kandinsky, du spirituel dans l'art et dans la peinture en particulier*, Paris, Denoël, 1989, p. 22.
5. Christian Jambet, *La logique des Orientaux*, Paris, Seuil, 1983, p. 102.

« L'espace est la surface interne de ce qui contient immédiatement le corps, et ce qui n'a pas de contenant n'a pas non plus d'espace. C'est la *définition aristotélicienne du lieu* : Ainsi nous admettons que le lieu est l'enveloppe première de ce dont il est le lieu, qu'il n'est rien de la chose, que le lieu premier n'est ni plus grand ni plus petit que la chose, qu'il peut être abandonné de chaque chose et qu'il en est séparable[6]. »

En ce qui concerne la particularité de l'élément de l'œuvre d'art, si nous admettons qu'elle est l'enveloppe première de ce dont elle est le lieu, puisqu'elle est le lieu de l'essence indémontrable du sens de caché, sa signification par essence deviendra immatérielle et par conséquence sans corps. Ainsi, l'œuvre est voilée dès l'origine, ceci par l'intensité même de sa manifestation.

L'autre élément permettant l'œuvre unitaire dans la multiplicité représentative est le temps. Le temps d'accomplir l'œuvre est d'une part un temps marqué et irréversible, et d'autre part un temps garantissant l'existence de l'œuvre dans son espace. Ce temps-là, tout comme l'espace évoqué plus tôt, reste un élément abstrait et détachable du contenu intérieur de l'œuvre une fois singularisé (même si cela paraît impossible à première vue).

Ce raisonnement reste valable pour chacun des éléments qui garantissent l'unité d'une œuvre. Ils permettent, dans un processus d'ordre intérieur, l'unité essentielle de l'œuvre comme les grains d'une grenade contenant dans leur multiplicité l'unité du fruit qu'ils représentent. C'est pourquoi la troisième raison mystique de Kandinsky, qu'il définit comme l'élément pur et éternel de l'art, ne connaît ni espace ni temps et reste la principale raison de l'œuvre d'art, dominant les autres.

---

6. Sohravardi, *Le livre de la sagesse orientale*, op. cit., livre II, p. 124.

## Le contenu mystique de l'art [7]

*Pour nous, en dehors de ce langage est un autre langage,*
*En dehors du Paradis et de l'Enfer est un autre lieu,*
*Ceux qui ont le cœur large vivent par une autre âme*
*Cette essence pure a une autre origine.*

Rumi[8]

Depuis le début de cette partie consacrée au lieu et au problème de la représentation, aussi bien dans le premier chapitre que depuis le second consacré à l'essence de l'œuvre, demeure la question du non représentable. Nous parlons du visible et de l'invisible, et nous avons appris qu'en regardant l'œuvre dans sa globalité, deux aspects de celle-ci s'imposent pour pouvoir l'approcher : l'aspect visible de la représentation elle-même, et l'aspect relatif à la question du présenté qui détient la réalité de l'œuvre, autrement dit l'essence invisible qui constitue le non représentable.

Le contenu mystique de l'art présente vraisemblablement le deuxième aspect et la partie véritable d'une œuvre qui est ce non représentable.

« C'est la personne de lumière dont les traits intelligibles se reflètent comme le modèle dans la copie. Mais c'est aussi l'agent de cette imitation. L'intelligence advenante est à la fois le démiurge et le modèle, la théurgie céleste de l'espèce qui lui est confiée. Inversement, chaque espèce, ici bas, est à la fois l'icône où transparaît le modèle lumineux, le visage de l'ange et le résultat de l'opération théurgique. La nature est l'alchimie des lumières[9] ».

Ainsi, c'est de l'âme que provient l'invisible de l'art, et c'est grâce à son déplacement dans le monde des lumières qu'elle pourrait aussi percevoir des choses. La rencontre du sens et de l'essence se fait grâce à, et dans la demeure de l'âme. C'est sans doute là que réside le « contenu mystique de l'art ».

---

7. Le terme est emprunté à Paul Klee, dans son ouvrage intitulé *Théorie de l'art moderne*, Paris, Denoël, 1964.
8. Mowlânâ Djalâl od-Dîn Rumî (1207-1273), poème tiré de *Rubâi'yât*, Paris, Albin Michel, 1987.
9. Christian. Jambet, introduction au *Livre de la Sagesse orientale, op. cit.*, p. 26-27.

Après avoir abordé la place de l'âme véritable dans la création, la question qui se présente ici, annonciatrice de l'imagination créatrice et allant jusqu'à évoquer l'icône éternelle, est la suivante :

Quand pourrions-nous parler de la naissance véritable de l'œuvre d'art sur l'étendue incommensurable qui précède l'œuvre créée ?

Au commencement, il y a l'essence demeurée là dans l'immensité de l'infini, le vide initial qui vit et appartient au monde des présences. Il y a là le devenir demandant à être puisé. La surface exige d'être percée par un point. Il y a le « un » qui vit partout et qui tend à être découvert. C'est l'histoire du monde, de l'homme et de la création qui se refait. Le présenter en tant qu'exister demeure invisible, et l'œuvre le met en acte. L'œuvre est le mouvement qui permet à l'« un » de se manifester.

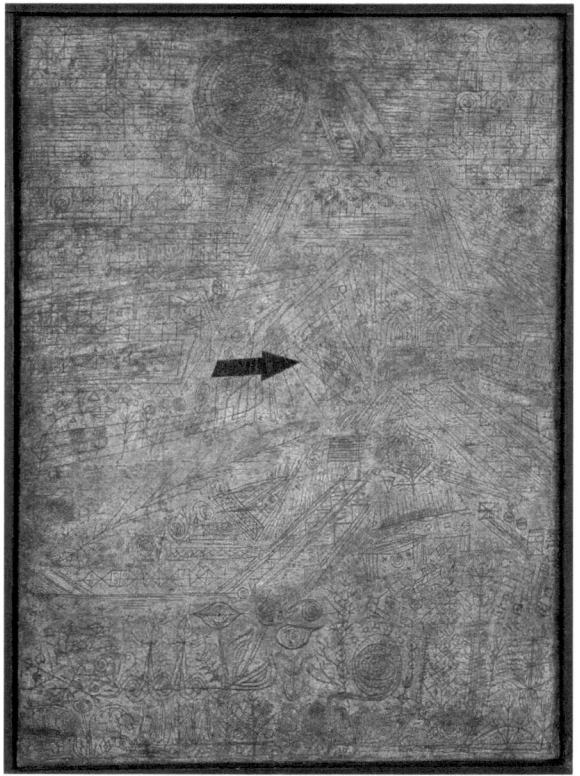

*Flèches dans le jardin*, Paul Klee, 1918, aquarelle, 17,6 x 16,3 cm

Il s'agit de rendre visible l'invisible qui demeure caché. Dès que le point rompt la surface du néant, à ce moment précis, l'œuvre « est » au commencement. Par le mystère qui occulte la création, l'œuvre naît dans un espace transformé en espace d'accueil extérieur pour recueillir l'essence jaillie du néant, accompagnée de la première ligne. La ligne qui sait rompre le vide est le garant de la durée d'une œuvre dans sa propre durée de création. Le premier mouvement garantit aussi par la suite le mouvement même de l'œuvre dans sa durée éternelle. Chaque œuvre possède une parcelle d'espace-temps pour manifester l'essence qu'elle contient. Elle met ainsi en acte l'exister qui demeure la cause de son existence. Elle témoigne de l'un.

D'après Paul Klee, les choses fondamentales de la vie ont leur principe en elles-mêmes : « L'œuvre se rapporte à sa loi inhérente comme la création au Créateur[10] ». C'est le principe selon lequel le point, non pas le point réel, mais celui qui mathématiquement symboliserait le non-concept menant au visible, le point en tant que mise en mouvement d'un processus, amène l'œuvre à l'existence. Je pense que la genèse de l'art, telle que Klee l'exprime, correspond à l'idée de tout commencement. Il parle d'affecter un point d'une vertu centrale et d'en faire le lieu de la Morphogenèse. C'est sur cette idée de point central que je souhaite revenir.

En effet, à partir du moment où le point prend son souffle pour exister, il forme sur l'espace initial une sorte d'attraction géographique qui demeure essentielle.

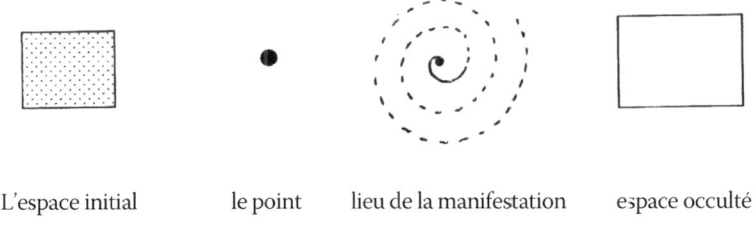

L'espace initial    le point    lieu de la manifestation    espace occulté

---

10. Paul Klee, *Théorie de l'art moderne*, édition et traduction établies par Pierre-Henri Gonthier, Paris, Denoël, 1964, 1985, pour la traduction française, coll. « Folio-Essais », initialement parue dans *Das bildnerische Denken, Schriften zur Form-und Gestaltungslehre*, édité par Jürg Spiller, Schwabe & Co. Verlag, Bâle, 1956.

L'un est présent dans l'espace initial, on pourrait d'ailleurs le nommer l'essence de tout ; l'espace une fois occulté le contient, tout en ayant donné forme à un nouvel espace qui serait là comme la manifestation de sa mise en acte. C'est comme un grain semé qui détiendrait la vie par sa propre essence. À un moment donné, il engendre dans une parcelle précise une nouvelle vie et devient le lieu de la manifestation de cette vie.

L'art dans un processus semblable, par le biais d'une œuvre, constitue l'espace de la manifestation de l'un. La forme qu'il constitue est le devenir qui demeure sur place, et sa présence est un rappel à l'esprit qui survivra à travers les temps, dépassant l'œuvre en tant que telle.

## La perception de la lumière et le commencement

*C'est l'amour qui détient la pierre philosophale de la Lumière.*
*C'est un nuage porteur de cent mille éclairs.*
*Dans le secret de mon être se trouve la mer de sa gloire.*
*Toutes les créatures sont noyées dans cette mer.*

Rumî[11]

Lorsqu'on voit, c'est que nous avons pu lever le voile. La chose à voir est sur place mais il s'agit de l'apercevoir. Ceci devient possible grâce à la lumière qui l'éclaire pour qu'il n'y ait plus de voile entre la chose vue et le regardant. Si la chose à voir est déjà sur place, la lumière, elle, est à entrevoir, il faudra voir là où il y aurait la lumière ; mais pour cela, d'autres voiles doivent tomber afin de l'apercevoir.

La rencontre aussi bien entre l'artiste et sa propre œuvre qu'entre l'œuvre une fois achevée et son spectateur commence là où la lumière levant le voile le permet. La lumière doit être prise aussi bien dans son sens propre que figuré. Il ne s'agit pas que de voir le visible mais aussi, comme il en est question depuis le début, de découvrir l'invisible.

Le premier mouvement, le moindre point sur le chemin du devenir, permet le commencement. La lumière et le mouvement créent ainsi l'avancée ; dès que la chose est perçue, tout commence.

---

11. Mowlânâ Djalal od-Dîn Rumî (1207-1273), poème tiré de *Rubâi'yât*, Paris, Albin Michel, 1987.

D'après Paul Klee, « Au commencement, il y a bien l'acte, mais au-dessus il y a l'idée. Et puisque l'infini n'a pas de commencement déterminé, mais comme le cercle, est sans commencement ni fin, on doit admettre la primauté de l'idée. Au commencement était le verbe, traduit Luther. Tout devenir repose sur le mouvement. Le facteur temps intervient dès qu'un point entre en mouvement et devient ligne. De même lorsqu'une ligne engendre une surface en se déplaçant. De même encore pour le mouvement menant des surfaces aux espaces. Un certain feu jaillit, se transmet à la main, se décharge sur la feuille, s'y répand en fusée sous forme d'étincelle et boucle le cercle en retournant à son lieu d'origine : à l'œil et plus loin encore (à un centre du mouvement, du vouloir, de l'idée)[12]. »

Quand Klee parle de mouvement, il faut voir qu'il insiste sur le fait que le mouvement n'est pas un accident, c'est le chemin qui mène à l'essence. Si l'œil, comme il le déclare, est lui-même représentatif du mouvement, le destin du premier point tracé dans ce voyage vers son essence est étroitement lié à celui de la lumière qui permet d'apercevoir le point dans son mouvement.

« Il est bien établi que la perception visuelle n'a pas pour condition l'impression de quelque forme extérieure, ni davantage quelque émanation [hors de l'œil]. Non, il lui suffit l'absence de voile entre le sujet percevant et l'objet perçu[13]. » Étudions de près le concept que représente la lumière des lumières dans la pensée sohravardienne afin de le cerner dans notre contexte.

D'après Sohravardi, « tout ce qui est vivant par soi-même est une lumière immatérielle, car toute lumière immatérielle est vivante par soi-même et par essence. Le premier être est la lumière de toutes les lumières, parce qu'il est le donateur de toute vie et de toute lumière » (*Le livre des Tablettes*..., quatrième tablette). La lumière régit ainsi la totalité d'un mouvement en tant que source originelle de la représentation. L'œuvre dans son mouvement alternatif entre le vu et le non vu apparaît forcément sous une lumière, et à la fois donne vie à

---

12. Paul Klee, *Théorie de l'art moderne*, Paris, Folio, 1985, p. 36.
13. Sohravardi, *Le livre de la sagesse orientale*, par Henry Corbin, livre II (explication de la science divine conformément à ce qu'est la doctrine de l'Ishrâq), Paris, Verdier, 1991, p. 145.

cette lumière qui a pu ne pas être vue. C'est le regard qui fait exister la lumière, pour qui désire la voir.

Si de cette manière la perception de la lumière permet le commencement, le fait même de commencer, que ce soit au début d'une création ou au moment de la rencontre entre l'œuvre et le spectateur, dans les deux cas, c'est le fait même de commencer qui déclenche le processus de l'appel à la lumière. Autrement dit, il arrive que tout soit clair mais que l'on n'y voit rien !

Ce qui est clair, c'est que la partie obscure fait partie intégrante du concept de Lumière. Comme tout effet opposé, le clair aussi a besoin de son contraire pour être considéré comme clair.

Quand le point premier de la toile blanche déclenche l'œuvre, c'est à la suite d'une rencontre lumineuse. La lumière sensible rencontre quelque part la lumière intelligible émanant de l'artiste, qui émane elle-même en quelque sorte de la première source. L'artiste dans son lieu premier retrouve l'essence originelle, et c'est dans ce même lieu que se passe la rencontre des lumières.

« Lorsque la lumière de l'âme s'est unie avec la lumière de la source, deux éléments constitutifs de la substance de l'amour se sont alors réalisés. (En un troisième moment), les qualités de la beauté de l'âme en admiration (*mostahsin*) deviennent homo-chromes (*ham-rang*) aux qualités de la beauté qui l'émerveille[14]. »

Le terme homo-chrome dont Rûzbéhân se sert pour expliquer l'union des lumières perçues à la lumière première est une expression tout à fait explicite en persan. Quand nous disons de deux êtres qu'ils sont homo-chromes (*ham-rang*) cela veut dire qu'ils sont extrêmement liés. *ham* veut dire même et rang signifie couleur. Quand nous arrivons au stade d'être « même – couleur », cela veut dire que nous avons obtenu la même densité colorée et sommes devenus ainsi unis par les qualités de la même couleur, c'est-à-dire une même couleur. Si pour Rûzbéhân, les qualités de la beauté de l'âme en admiration deviennent « même – couleur » que les qualités de la beauté qui l'émerveille, cela voudrait dire que la lumière demeurant sur place a la capacité de se mettre en fusion pour mieux prouver sa qualité de « un ».

---

14. Rouzbéhan-é Shirâzi (1128-1209), *Le jasmin des fidèles d'amour, op. cit.*, chap. VI, p. 98.

« La lumière, c'est ce qui est manifesté en raison de son essence même, et ce qui par soi-même fait apparaître tout ce qui est autre qu'elle-même. Elle est donc en soi plus manifeste que tout ce que l'état manifesté comporte qui se surajoute à sa propre essence)…/… La lumière est manifeste et sa manifestation, c'est sa nature même de Lumière[15].

Ainsi toute chose, typifiée dans une œuvre, est avant tout une certaine manifestation de son propre être essentiel. Par la suite, ce qui en serait ressenti sur le plan de la perception extérieure serait le reflet de cette manifestation, qui serait plus ou moins fort selon l'intensité de l'être essentiel de l'œuvre. Ce processus n'enlève en rien la réalité première de la manifestation qui reste intacte, puisque la réalité d'une image est le réel même. Ainsi, tout est une question de degrés d'intensite. D'intensité de regard, mais aussi des intensités dues aux effets de haut ou bas, de devant ou derrière ; tout est une question de placement, de placer juste. Mais par rapport à quoi ? Pour donner à voir quelque chose de profond, il vaut mieux le présenter en obscur – en noir, même si cela fait disparaître la notion de lumière, car c'est cela même qui fait comprendre que les ténèbres font partie intégrante de la lumière et que le clair-obscur n'est qu'une question d'intensité par rapport à l'appel à l'acte d'exister.

Dans la peinture, parler de la lumière et de son intensité mène aux couleurs. Les lois agissant sur les couleurs agissent aussi sur la division du mouvement de la lumière. Celui-ci se manifeste dans sa totalité, dans le clair aussi bien que dans les parties obscures.

« Les choses se divisent en ce qui est lumière et luminescence…/… dans la réalité – essentielle de soi-même, et ce qui n'est ni lumière ni luminescence dans la réalité – essentielle (*haqîqa*) de soi-même. Lumière et luminescence : ce que l'on entend par ces deux mots n'a qu'un seul et même sens, puisque je n'entends point désigner par Lumière ce qui ne peut être regardé comme tel qu'en un sens métaphorique, par exemple la lumière par laquelle on signifie ce qui est évident pour l'intellect ; bien que ce qu'il en est de cette évidence nous reconduise en fin de compte à cette lumière [dont je veux parler ici][16]. »

---

15. Sohravardi, *Le livre de la sagesse orientale, op. cit.*, livre I, p. 104-105.
16. *Ibid.*, livre I, « Sur la Lumière et les Ténèbres », p. 98.

La lumière en peinture a également son rôle à travers la couleur. Si la lumière arrive à pénétrer l'âme, dans la plupart des cas, c'est grâce à la couleur. Kandinsky base son principe de couleur sur le principe de l'entrée en contact avec l'âme humaine parce qu'il voudrait, par le biais du regard de son spectateur, faire saisir sa lumière nécessaire sur ce qu'il appelle le principe de la nécessité intérieure. Il pense que l'harmonie des couleurs doit reposer uniquement sur le principe de l'entrée en contact efficace avec l'âme humaine. Cette base est sa véritable définition du « principe de la nécessité intérieure[17]. »

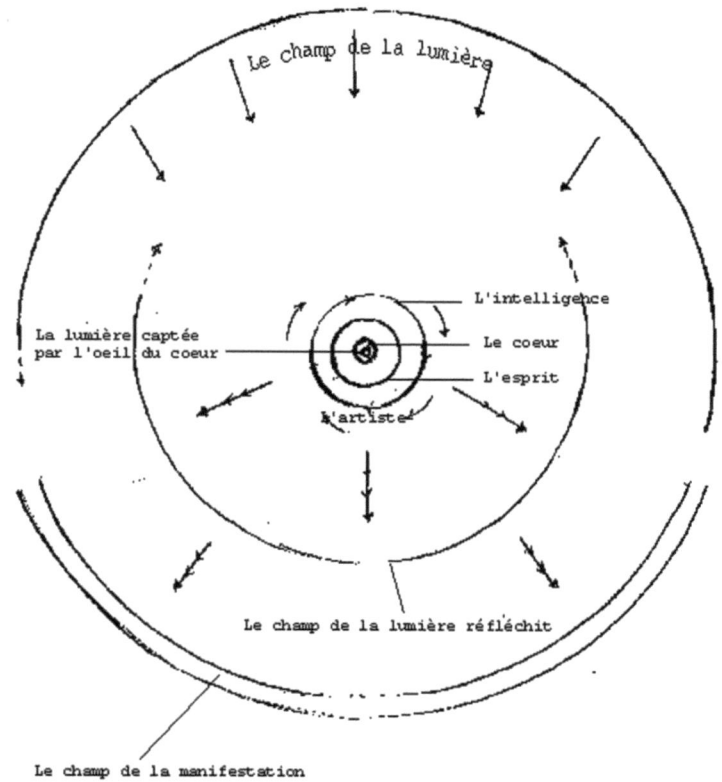

---

17. Le terme « nécessité intérieure » est employé par Kandinsky dans son ouvrage *Du spirituel dans l'art et dans la peinture en particulier*, Paris, Denoël, 1989, p. 105-108.

L'œuvre commence donc par le « principe de la nécessité intérieure ». Lorsque la lumière se manifeste et qu'elle voit pour la première fois sur le miroir de son être le reflet de l'exister de celui qui se met à l'œuvre, elle se met en mouvement, du resserrement à la dilatation, et elle se transforme en l'infini de la beauté - en son propre reflet. L'âme de l'artiste alors parvient à la présence de cette lumière, et dans le propre mouvement de son être réfléchit cette lumière à partir de son centre vers toutes les directions. Les reflets ainsi jaillissent de l'œil du cœur, et se manifestent sous la forme d'images spirituelles qui pourront être symbolisées de différentes manières.

Ainsi, grâce à la lumière, le champ de la manifestation de l'œuvre sera le reflet du champ de la lumière elle-même. L'artiste a vu et donne à voir. C'est la lumière qui fait voir.

## Voir sans voile

*Le feu n'est pas ce qui donne son rire au cierge*
*Le feu est au contraire ce dont brûle la phalène*
*Nul aussi bien que Hafiz n'a jamais écarté le voile qui recouvre la pensée*
*Depuis qu'à l'aide du calame, on s'efforce d'ordonner les boucles de verbe*

Hâféz[18]

L'idée de « voir sans voile » est la quintessence de la pensée sohravardienne. C'est dans ce sens que nous aimerions établir un nouveau concept esthétique à travers ce qui caractérise le fondement même de cette idée, pour arriver à ce que nous nommons volontairement : esthétique de la révélation.

Par le schéma établi de la page précédente, nous avons tenté de démontrer comment par une manifestation de lumière, le processus de « voir » s'enclenche. Le champ de la lumière, comme nous l'avons expliqué précédemment, est un champ ouvert contenant le tout, d'une nature sans fin et sans bord. Dans ce cas, on pourrait croire que tout ce qui se met à la portée de ce champ deviendra totalement œil, et sera en mesure de voir. Afin que l'œil du cœur se débarrasse de l'obscur et parvienne enfin à voir, il doit faire tomber beaucoup

---

18. Hâfez-é Shirazi (1317-1389), poème tiré de *Anthologie de la poésie persane*, textes choisis par Z. Safâ, Paris, Gallimard/Unesco, 1964.

de voiles. Il enverra alors cette lumière vers l'esprit qui la communiquera à son tour à l'intelligence.

« La lumière de la sublimité par l'intermédiaire donné se communiqua aux feux de la nature physique. La beauté primordiale revêtit le symbole de la beauté de la créature. Par le rayonnement de cette beauté, le monde de la forme fut illuminé. La beauté se manifeste ainsi derrière ses voiles, car si ce qui s'en trouve voilé dans la substance de la nature physique se montrait à ce monde-ci, en réalité et à l'état pur, la forme serait embrasée sous la violence de cette lumière. Et si celle-ci se manifestait au cœur à l'état pur sans l'intermédiaire de l'esprit, tout l'édifice humain serait volatilisé. Et si la vraie réalité pénétrait dans l'esprit sans le revêtement *(iltibâs)* de l'intelligence, elle incendierait les esprits et le corps[19]. »

La quête de la perception se trouve dans un compte à rebours commençant par la lumière immatérielle unique, allant de l'intelligence au cœur, et du cœur à l'intelligence. Pendant toute la durée de ce procédé, la lumière est la même. Elle passe juste par des étapes de voile. Que la partie obscure fasse apparaître sa force ou que la partie claire domine le reste, dans les deux cas, il s'agit bel et bien d'une seule et même lumière.

En ce qui concerne l'œuvre d'art et plus particulièrement la peinture, le procédé de la manifestation et celui de l'apercevoir restent les mêmes que dans ce qui a été développé précédemment. L'œuvre, après avoir capté la manifestation de la lumière, devient le lieu qui contient le « tout » et au même moment reste totalement « un ». Peindre une forme, c'est peindre une idée ; elle donne à voir ce que l'idée pense en pure abstraction. Chaque forme sensible serait le réceptacle de l'essence de l'idée de cette même forme qui dépasse tout sens. Chaque forme serait le potentiel d'un lieu révélé pouvant être conçu pour contenir ce qui sera révélé plus tard.

L'artiste voile les résonances intérieures vue par l'œil de son cœur, et les présente dans un espace donné au spectateur, comme un éventuel lieu de rencontre de sa propre essence avec le sens de celui qui contemple. Ce dernier devrait à son tour faire tomber les voiles établis par l'artiste pour qu'il puisse enfin dire ce qu'il voit. Comme di-

---

19. Rouzbéhan, *Le jasmin des fidèles d'amour*, op. cit., chap. VII, p. 105-106.

sait Kandinsky : « en art, ce qu'on voile a une énorme puissance. » C'est justement là que réside la source de nombreuses créations artistiques. Déplacer la forme, la déformer, l'interroger, la voiler pour la dévoiler, font que lorsque l'œuvre paraît, puisque pour être vue elle doit paraître, nous sommes pris parce que l'œuvre représente et non pas parce que l'œuvre est. L'existence d'une œuvre est certes le fait même de son paraître, mais sa réalité cachée reste ce qui demeure en elle comme la part à découvrir pour savoir ce qu'elle est dans ses infinies possibilités d'être vue.

L'activité créatrice du réel d'une œuvre détient ainsi plusieurs lieux de manifestation venant tout autant de l'artiste, tenant l'élément essentiel de la lumière révélée, que du spectateur qui par son regard, ou plutôt par l'exégèse de son regard, perçoit ce qui se révèle.

Voir une forme ou un objet n'est pas en soi la cause de son impression oculaire. Plus une forme se divise en parties évidentes et en parties obscures, plus sa lecture devient attirante et l'impression efficace. Mais selon ce même principe de la nécessité intérieure, la forme se manifeste à l'observateur par un simple regard étant la réaction d'un œil éveillé par le cœur. La lumière à ce moment précis engage une double mission sans se diviser et en restant intacte. L'espace du regard du spectateur devient le lieu de recueil de la lumière. Il regarde et la lumière est regardée. Cette action représente en quelque sorte la théorie visionnaire de Sohravardi en elle-même.

« Dès lors que tu sais que la perception visuelle n'a pas pour cause l'impression de la forme de l'objet dans l'œil, et qu'elle ne se produit pas non plus par la sortie de quelque chose du regard – c'est donc qu'elle n'est due qu'au face-à-face de l'objet éclairé et de l'œil sain, et à rien d'autre. Le cas du face-à-face reconduit au cas de l'absence de voile entre le sujet qui regarde et l'objet regardé. La proximité excessive empêche la vision parce que c'est une condition pour l'objet de cette vision qu'il reçoive la lumière, ou qu'il soit en lui-même une lumière. Il faut donc nécessairement une double lumière : lumière qui regarde et lumière regardée. À l'instant où la paupière cligne, il est inconcevable qu'elle soit éclairée par les lumières extérieures. D'autre part, la lumière de l'œil n'a pas une puissance lumineuse suffisante pour l'éclairer. Alors l'objet est invisible, faute d'être éclairé. Ainsi en est-il dans le cas de toute proximité excessive. Inversement, la distance excessive est bien cause du voilement, étant donné la faiblesse du face-à-face. Plus est proche, par conséquent, la lumière ou l'objet qui reçoit la lumière, plus est possible la vision, tant qu'il y a de la lumière ou un objet éclairé[20]. »

Le transfert de la lumière regardée à la lumière qui regarde se fait dans un moment précis correspondant à la pose du premier point sur le papier de l'artiste. Le « lieu » se forme dès que les lumières, dans un face-à-face ou plus précisément dans un « seul à seul », se rencontrent. La face n'est pas forcément une surface, la face est le beau, et le beau est sans limite et sans relativité extérieure. Ce qui a pu être vu comme déclencheur de mouvement de la manifestation illuminatrice représente forcément le beau. Le beau est le mystère de la manifestation de l'essence originelle, contenue dans le premier point ainsi que dans l'instant du premier regard. Tout ce qui provoque le « seul à seul » est immédiatement décrété comme beau même si, dans les conventions reconnues comme telles, cela puisse paraître laid.

Il s'agirait donc de voir. Par un appel intérieur, le potentiel demeurant sur place qui est de l'ordre de l'intérieur, mais forcément extériorisé, représenterait le vrai ou la réalité essentielle. Cela permettrait dans un champ extérieur la rencontre « face à face ». Lors de cette manifestation, l'être dans son essence la plus profonde sera la demeure de ce « seul à seul ».

D'après Hegel, « Le vrai n'existe et n'est vrai que dans la mesure où il s'épanouit dans la réalité extérieure, mais il est capable de surmonter la séparation entre existence et vérité en les réunissant et les maintenant en un tout qui forme pour ainsi dire son âme, laquelle imprègne chaque partie de son épanouissement[21]. » En appliquant la méthode Hegelienne à notre concept de l'esthétique de la révélation, nous sommes contraints d'affirmer que dans un processus de révélation, le propre de la réalité révélée est de l'ordre de l'intérieur ; étant donné le propre de la représentation qui est du domaine de l'extérieur, le révélé sera ce qui se révélera dans une possibilité de voir au dehors. Donc, comme conclut Hegel dans son texte sur l'esthétique

---

20. Sohravardi, *Le Livre de la sagesse orientale*, op. cit., livre II, thèse sur la vision, p. 129.
21. G. W. F. Hegel, *Introduction à l'esthétique, le Beau*, op. cit., chap. III, « Le Beau artistique ou idéal », p. 209.

du beau : « l'art pour être vrai doit réaliser l'accord entre le dehors et le dedans, ce dernier devant être en accord avec lui-même, seule condition de la possibilité de sa révélation extérieure. » L'œuvre est l'expression d'une verité demeurant cachée, qui pour être visible devrait s'éloigner de sa propre essence, rester dans l'obscur, et voilée. Ainsi elle crée un champ pour faire rentrer la lumière sur sa face cachée. Ce processus la prépare à rentrer dans la demeure de celui qui la perçoit dans sa face apparente.

Aussi bien dans le face-à-face que dans le seul à seul où nous avons parlé de la rencontre entre l'extérieur et l'intérieur ou entre le réel et le vrai, nous référant aux idées d'Hegel, est-il clair qu'il ne s'agit pas de prendre partie pour une face ou une autre. De la face révélée à la révélation du vrai envers la face observatrice, le processus de discontinuité qui est la base du mouvement révélateur est en marche.

Il faut savoir que nous ne possédons pas la possibilité de cerner l'intérieur du commencement de ce procédé, puisque la manifestation révélatrice reste le reflet de la manifestation révélée. L'extérieur de l'un déclenche l'intérieur de l'autre, qui s'est lui-même manifesté extérieurement au premier.

« C'est grâce à cette image d'elle-même qui lui montre et réfléchit en elle les rapports ordonnant et subordonnant entre eux les êtres du plérôme, que l'âme humaine est en mesure de concevoir et de réaliser une situation toute nouvelle correspondant à sa qualité d'étrangère, laquelle est précisément une individualité qui l'esseule hors de l'espace qui lui est étranger[22]. »

L'âme du regardant devrait donc quitter son siège, il s'agirait de partir, mais pour « revenir à ». Essayons de formuler un schéma pour mieux comprendre ce face-à-face qui n'est autre qu'un face-à-face avec soi-même. Il s'agirait de voir le sens caché de la présentation dans un processus de voyage, menant d'un lieu à un autre, apercevant la manifestation d'un reflet qui est lui-même le reflet de l'essence première.

Si pour parvenir à voir il faut lever les voiles, les voiles eux-mêmes permettent de préserver l'essence. L'œil reçoit la manifestation révélée par la lumière et met en marche le mouvement qui le mènera de

---

22. Henry Corbin, *Avicenne et le récit visionnaire*, Paris, Verdier, 1999, p. 103, 95, 97.

lui-même à l'esprit, et ensuite à l'intelligence, pour rendre ce qui est du dehors au dedans. L'œil perçoit ainsi la beauté visible d'une forme ou d'un objet, ou de l'œuvre tout court, pour faire transparaître la beauté invisible de l'essence première. Si l'œil est le lieu d'accueil de la beauté visible, le cœur, lui, est la demeure de la beauté invisible.

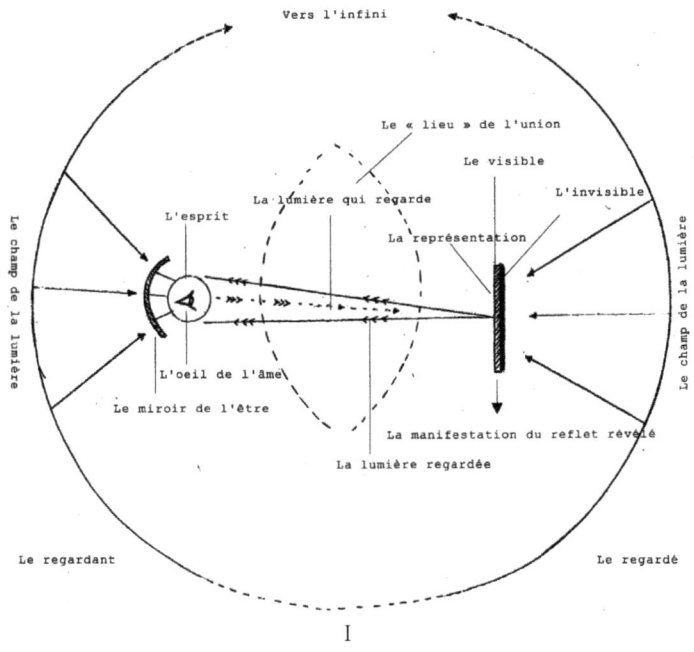

I

« Dans l'ensemble des choses que l'on admire pour leur beauté, il y a l'influx de cette beauté première ; c'est que chaque atome d'être a une âme qu'il tient de l'opération divine, une âme qui gouverne en lui selon l'attribut correspondant et la théophanie de l'essence, mais tout particulièrement les choses que l'on admire pour leur beauté. Seul est capable de voir l'œil qui en voyant est certitude. Plus on est proche de la source de la beauté, plus on est proche du pacte de l'amour²³. »

Si, pour définir l'essence première nous imaginions une source, ceci devrait être également valable pour une source de lumière. Les substances vers lesquelles on peut se diriger au moyen des indications sensibles ne devraient pas être confondues avec l'essence de celles-ci car, comme le souligne Sohravardi, « la lumière n'a pas de lieu, elle est du pays du non-où »²⁴.

Pour percevoir la lumière qui fait voir, il faudra donc ramener les choses à leur vérité. L'œil perçoit le sensible, et en le dévoilant le renvoie à l'esprit. L'artiste, en établissant certains codes de l'ordre du dedans, les a forcément d'abord perçus par ses propres yeux. Il les a vus par l'œil de son cœur et il les présente sur l'étendue de l'œuvre en faisant une représentation de sa révélation. C'est cette révélation qui par la lumière du regard de l'observateur deviendra à son tour la vérité du regardant.

C'est un double retour à la vérité première des choses : une première fois dans le mouvement de l'artiste vers sa propre vérité, et une deuxième fois dans le mouvement du spectateur vers une vérité demeurant sur place, coïncidant avec le lieu extériorisé sur l'œuvre de l'artiste.

De cette manière on pourra ouvertement adhérer à la philosophie visionnaire des maîtres de pensée iraniens, Avicenne, Sohravardi, et à leurs précurseurs sur le *ta'wil* comme exégèse de l'âme.

« *Ta'wil*, c'est étymologiquement faire revenir à, reconduire, ramener à l'origine et au lieu où l'on rentre, conséquemment revenir au sens vrai et originel d'un écrit. C'est faire parvenir une chose à son origine... Celui qui pratique le ta'wîl est donc quelqu'un qui détourne l'énoncé de son apparence extérieure et le fait retourner à sa vérité). »²⁵ Le « lieu » vu par la lumière serait ainsi la station de l'union de l'être avec l'essence de son être. Si l'art permet la réalisation de cette rencontre, le comment et son pourquoi restent indéterminés et non démontrables ; c'est la raison pour laquelle tenter d'arriver à

---

23. Rouzbéhan, *Le Jasmin des fidèles d'Amour*, op. cit., chap. IV, p. 76.
24. Christian Jambet, op. cit., p. 39.
25. Henry Corbin, *Avicenne et le récit visionnaire*, op. cit., p. 42.

une quelconque station ou à quelque forme du lieu reste une tentative de voyage vers le pays du non-où.

> *Dans la cité des témoins de contemplation*
> *Il cherche le témoin de contemplation archétypique*
> *Parce que chaque témoin de contemplation est illuminé*
> *par l'éclat de la beauté de cette source primordiale*
> *Pour cette raison, il lui arrive de revenir (parfois)*
> *Sur ses pas par rapport à la station de la réalisation mystique*
> *Cependant il n'abandonne pas la demeure de la vraie réalité*
> *Parce que la planète Jupiter de l'âme régresse dans la constellation du cœur*
>
> Rouzbéhan[26]

## La réalité des formes

> *Chaque atome sur terre*
> *Fut une joue de soleil, un front de Vénus*
> *La poussière qui se pose sur ce front délicat, essuie-la doucement,*
> *Elle fut, elle aussi, visage et chevelure d'un être fragile*
>
> Khayyâm[27]

Après avoir été persuadé de l'importance de voir autrement, afin de saisir le sens caché des choses, il serait intéressant de comprendre ce que l'on pourrait approcher comme forme. La forme étant le reflet des miroirs pour l'imagination, l'activité imaginative, en créant un champ de liberté intérieure, se prépare à recevoir la manifestation d'une image préexistante à elle-même. Dans une forme représentée, celle-ci symbolise et signifie à la fois le sujet et l'objet de l'acte créateur.

La réalité de toutes formes est donc la réalité de la pensée qui la détermine, dans un monde directement affilié au monde de l'imagination créatrice, le monde de la création des réalités ; autrement dit celui du « monde imaginal ».[28] La réalité d'une forme est d'abord la manifestation de la représentation d'une chose, qui renvoie forcément au phénomène qui l'a manifestée. Il y a la réalité au-delà de la

---

26. Rouzbéhan-é Shirâzi, *op. cit.*.
27. Omar Khayyâm, *Quatrains*, trad. par J. B. Nicolas, Paris, Jean Maisonneuve, 1981.
28. « Le monde imaginal est l'instance ontologique où se déploie l'un dans le multiple des théophanies, où se rassemble vers l'unité, impossible à atteindre, le divers de ses "faces". La réalité est l'imagination, et l'imagination créatrice est la création de la réalité ». Voir Christian Jambet, *La logique des Orientaux*, Paris, Seuil, 1983.

forme, immanente à la forme elle-même. Elle se révèle, de l'essence de l'œuvre à l'artiste et ensuite au spectateur, à l'infini. Le sujet de la forme et la forme en tant qu'objet de la manifestation représenteraient ainsi les deux faces d'une même imagination créatrice. La réalité des formes appartenant au monde imaginal crée et connaît les substances de ce monde dans le mouvement qui accompagne l'imagination créatrice. C'est seulement de cette manière que l'on peut accéder à la vérité des formes, et non pas par le biais du monde sensible et de ses représentants.

« Tu sais déjà que l'impression des formes dans l'œil est impossible, de même qu'il est impossible que les formes soient imprimées dans un emplacement du cerveau. La vérité sur les formes reflétées dans les miroirs et les formes imaginatives (*suwar khyâlîya*) est qu'elles ne sont pas imprimées, mais que ce sont des « citadelles en suspens » *(mu'allaqa)* qui n'ont pas de substrat. Elles ont des lieux d'épiphanie, mais ne sont pas dans ces lieux ! [29] »

D'après la pensée sohravardienne, la forme telle qu'elle apparaît ne peut être qu'un réceptacle, reflétant l'image dont elle est l'épiphanie. C'est pourquoi la forme, tout en étant le lieu de l'épiphanie, est une épiphanie sans lieu, puisqu'issue d'une image immatérielle et donc sans espace. C'est justement dans cette lignée de pensée que la réalité des formes coïnciderait avec les « citadelles en suspens » de la pensée sohravardienne. Dans la suite de cette même logique, à partir du moment où nous découpons des frontières autour d'une surface par ce choix de délimitation, nous décrétons la forme. Si Sohravardi appelle les formes des citadelles en suspens, sachant qu'il parle d'une certaine catégorie de forme, c'est parce qu'elle incarne le lieu du sans-forme par excellence. La forme sera donc une extériorisation du contenu intérieur (Voir Kandinsky dans ses écrits sur l'art). L'artiste façonne la face cachée de la forme qui est la sienne, et fait rentrer à son tour celui qui regarde dans ce monde des formes, qui n'est autre que le monde imaginal. Toute forme possède une correspondance avec le monde des significations ; et c'est de cette manière que l'œuvre d'art, sous quelque forme qu'elle soit, arrive par un processus de résonance intérieure à sauver la réalité des formes.

---

29. Sohravardi, *Le livre de la sagesse orientale*, op. cit., livre IV, p. 119.

Si les formes véhiculent des contenus de l'ordre de l'intérieur, il faudra chercher sans discontinuer le sens caché. Kandinsky, en parlant de l'expressivité du contenu intérieur de la forme, précise que parfois la forme sera expressive tout en étant atténuée. Il ne faut pas oublier que c'est tout de même la forme qui, par sa beauté (relative aux nécessités intérieures), devient l'expression extérieure de l'œuvre en totalité. Mais cette beauté, il faut l'entendre comme dans le poème où l'enfant demande : «... qu'est-ce que le beau ? Et où le poète lui répond : le beau, c'est l'interprétation amoureuse des formes[30] ».
L'art a l'élégance d'extraire le beau du symbole caché des formes.

La forme étant le résultat d'une révélation, par la manifestation de la lumière de l'âme sur le miroir de l'être de l'artiste, toute forme devient ainsi la métaphore de l'image éternelle.

*Tantôt c'est l'âme qui est ton symbole, et tantôt c'est toi qui es le symbole de l'âme.*
*L'âme est la terre où tu passes, et la terre où tu passes l'âme de mon âme.*
*Si aucun œil n'a jamais vu la trace de la forme de l'âme,*
*Voici que sur tes lèvres est visible le symbole de l'âme.*

Rouzbéhan[31]

---

30. Extrait du poème de S. Sepehri dans son livre *Hasht Kétab*, édité à Téhéran en mars 1984.
31. Rouzbéhan-é Shirâzi, *op. cit.*

## Apercevoir l'image

*Ô image de beauté !*
*Sois secourable aux débutants en amour,*
*Car si les mystiques,*
*troublés par la blessure de la lance de l'ardent désir*
*regardent le témoin de contemplation,*
*qu'ils contemplent dans leur assemblée,*
*comme ils contemplaient la divinité elle-même,*
*Alors ce sont des infidèles violant le « tawhîd ».*
*mais si je te contemple en éprouvant*
*le sentiment d'être séparé de l'inaccessible,*
*Alors je suis un fidèle d'amour.*
*Puisqu'il en est ainsi, regarde,*
*Je t'en prie, vers nous, toi qui fais l'allégresse des mystiques.*
*Afin que par ce regard,*
*nous nous hissions au sommet de la pré-éternité.*
*L'amour est le premier fruit venu au jardin de celle-ci.*

Rouzbéhan[32]

Apercevoir l'image, c'est la percevoir d'abord au niveau du sensible. Elle est ensuite portée à la hauteur de l'intelligible pour être ainsi dépouillée de toute forme par rapport à ce qu'elle pourrait évoquer par la mémoire. L'image d'une chose, comme nous avons tenté de le démontrer, n'est pas la chose elle-même, mais la forme ou l'expression d'une présence à l'état de troisième personne, dans le sens où elle serait le reflet d'une troisième présence que l'image tente elle-même d'imiter. La perception sensible dépend en effet de la position de l'objet perçu par rapport au regardant. C'est l'imagination qui libère en premier lieu l'objet de l'observation, et qui devient ensuite le sujet de la perception. L'imagination permet ainsi d'apercevoir l'image en dehors de tout *situs*, afin que le sujet observant puisse se l'approprier en se libérant de toutes traces d'images, déjà perçues, qui l'empêcheraient de voir.

« En effet, le sujet connaissant réfère à tout ce qui est autre que lui-même en disant [lui] ; il se réfère à lui-même en disant, [je]. Si donc il voulait s'en référer à l'image de sa propre égoïté, il s'y référerait en disant [elle]. C'est pourquoi cette image reste par rapport à lui à la troisième personne[33]. »

---

32. *Ibid.*
33. Sohravardi, *op. cit.*, Livre I, p. 271.

Une image, comme la représentation de son original dans une œuvre, devient la troisième personne. Puisque la représentation d'une image, elle-même une copie, ne peut être que l'image représentée et non pas le reflet exact de cette image-copie, l'image dans une œuvre, par l'interprétation que son observateur lui offrira, prendra ainsi une quatrième dimension la séparant de l'image originale.

Il y a donc le réel à l'état de potentialité et la représentation comme le reflet de la perception de ce que l'on perçoit en tant qu'image. Ce réel est ainsi en acte ; autrement dit, il y a une image qui est le reflet d'une réalité, reflétant l'essence de cette même réalité. Mais entendons-nous sur le mot « reflet » qui est pleinement un être, une manifestation de l'être sous le mode imaginal.[34] Apercevoir l'image, c'est l'apercevoir par un miroir qui reçoit l'image d'un autre miroir placé en vis-à-vis.[35]

L'image capte, reflète, marque et correspond souvent à l'interprétation que l'on en fait. Le schéma de l'illumination se poursuit, et l'être de l'homme voyant le reflet de son essence en devient le captif, et le fait paraître sur l'image qui représente cette manifestation. L'œuvre d'art livre l'image d'une forme, elle-même reflet de la forme originelle. Il faut savoir que les formes sont produites par l'imagination elle-même ; elles émanent de l'âme et du monde de l'âme. La réalité d'une image ne peut être perçue que par l'œil du cœur ; et dans une vision du cœur, l'image produit son propre espace pour être perçue. Comme le dit Sohravardi, « les formes imaginales sont du pays du non-où.[36]

La réalité de l'image produite par l'imagination active propre au monde de l'âme est venue directement du monde imaginal. Elle ne pourrait être perçue que dans ce monde où l'espace n'existe pas.

Dans une esthétique de la révélation, l'artiste percevant le lien qui l'unit à la réalité de l'œuvre dont elle émane tente de former une contrepartie, qui consisterait à montrer cette image qui libère son

---

34. Christian Jambet, *L'acte d'être*, Paris, Fayard, 2002, p. 154, 155.
35. Sur la perception visionnaire et la métaphysique de l'imagination, voir Sohravardi, *Le livre du rayon de lumière, Partow nameh,* qui fait partie des quinze traités et récits mystiques traduits et annotés par Henry Corbin, sous le titre de *L'archange empourpré*, Éd. Fayard.
36. Christian Jambet, *op. cit,* 3ᵉ chap., 2ᵉ part., « L'imagination », sur la vision du cœur, p. 327.

imagination en lui révélant sa propre réalité-image. Ceci est le propre de l'idée avicennienne[37] de la manifestation de l'image. Ce processus consiste en un voyage de la réalité de l'image à travers l'œuvre, pour retourner chez lui. Restera à découvrir la cause du mouvement qui, au cours de ce voyage, entraînera la création d'une œuvre par un artiste. Si le champ du regard pour apercevoir une image est important, l'essentiel reste tout de même l'impression laissée par cette image. Le spectateur, dans une démarche semblable à celle de l'artiste, devrait accomplir le voyage initial pour ramener l'œil de son corps à l'actif de l'œil de son cœur, levant les voiles qui s'y opposent.

« La vision du tout n'est possible qu'au point d'observation choisi pour la contemplation. La qualité d'observation vigilante, c'est repousser les périls, c'est progresser à travers les contrées. Ce fidèle d'amour de noble naissance est introduit par les réalités partielles de l'amour, lesquelles sont le monde de l'amphibole, au monde du tout. Il a trouvé le royaume de l'amour divin, parce qu'il possède le cœur et que le voile s'est leve[38]...»

## Le miroir et la ressemblance

*Ô corps fait de terre, ne parle pas de la terre.*
*Ne dis que l'histoire de ce miroir pur.*
*Le créateur du monde a mis en toi un attribut.*
*Ne parle pas d'autre chose que des attributs du créateur.*

Rumi[39]

D'après le schéma établi pour comprendre le rapport entre le regardé et le regardant, nous avons pu remarquer que l'œil de l'âme perçoit le reflet de son essence par le biais du miroir de son être, et qu'il devient à la fois le reflet de l'essence originellement déposée au fond de lui. L'image regardée à ce moment précis est une image ressemblant au reflet de l'essence de celui qui regarde, puisqu'il est le miroir même de l'image première.

---

37. Pour approcher l'idée avicennienne du mouvement, nous invitons le lecteur à découvrir l'admirable travail de Henry Corbin qui s'intitule *Avicenne et le récit visionnaire*, Paris, Verdier, 1999.
38. Rouzbéhan, *Le jasmin des fidèles d'amour, op. cit.*, chap. XXII, p. 210.
39. Mowlânâ Djalâl od-Dîn Rumî (1207-1273), poème tiré de *Rubâi'yât*, Paris, Albin Michel, 1987.

Est-ce qu'en regardant dans le miroir, on cherche la ressemblance ? Ou bien, en ce qui concerne l'artiste, n'est-il pas à la recherche de l'unification avec sa conscience intime pour y voir le reflet de son âme et ainsi rencontrer l'essence ? Dans ce cas, l'œuvre de l'artiste sera toujours un miroir. Elle sera le miroir ressemblant à l'être en soi de celui qui l'a faite, donc pouvant réfléchir la réalité essentielle de celui qui la regarde, mais aussi, le miroir du regardant pour qu'il y voie son propre être vrai. Si l'essence déposée dans l'œuvre dont elle émane réussit à rencontrer le sens de l'observateur, l'espace de cette rencontre sera le lieu sans forme et de nature sans fin qui est lui-même le reflet d'un miroir.

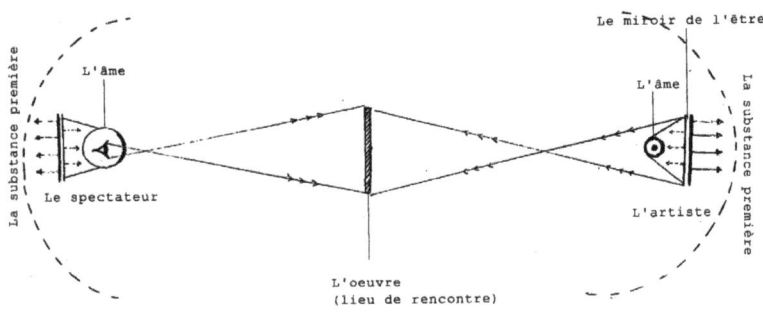

Le miroir présentant la réalité extérieure est tenu de refléter la vérité intérieure, même si cette dernière devrait se voir extériorisée afin de se réaliser. Dans une œuvre, nous sommes ainsi souvent confrontés à une beauté abstraite extériorisée qui semble ressembler à l'extérieur de ce qu'elle représente. Mais en réalité, ce genre de reflet, à la recherche de son unité originale par la pureté du regard, pourrait à tout moment se transformer en une beauté intériorisée, ou du moins en son reflet. Le reflet, précisons-le encore, ne devrait pas être entendu comme un sous-être, puisqu'il est l'image de celui-ci. Ce reflet-là est un être au sens propre du terme. Il est construit et occupe mentalement une existence à part entière. On pourrait ajouter que cet être cette forme de reflet de la réalité, ayant été préalablement perçu comme le sensible ou le conceptuel, dépasse ces deux modes de possibilités de perception pour n'être capté que sous le mode imaginal. Ceci dit sachant que « le monde imaginal n'est pas un monde symbolique, un monde d'expressions liées à des archétypes ou des représentations. C'est une région peuplée de corps dont la matière est la forme adéquate aux projections du désir de l'âme. »[40] Toute tentative de création d'œuvre consiste à tenter de rendre apparent ce qui ne peut être vu que d'une manière extériorisée ; même si le contenu de celle-ci est entièrement de l'ordre de l'intérieur et donc caché.

« Il existe une realité extérieure qui, comme telle, a bien un caractère déterminé, mais dont le dedans, au lieu de se caractériser sous la forme de l'unité de l'âme, reste à l'état d'indétermination et d'abstraction. C'est pourquoi cette intériorité, au lieu d'être vraiment intérieure en tant qu'idée et de comporter un contenu incarnant une idée, apparaît seulement comme une unité ayant une détermination extérieure dans une réalité extérieure. L'unité concrète de l'intérieur consisterait en une vie psychique en soi et pour soi qui posséderait d'une part un contenu d'une grande richesse, et d'autre part imprégnerait par son interiorité la réalité extérieure, faisant ainsi de la configuration réelle la manifestation patente du dedans[41]. »

Toute manifestation au dehors est une mise en contrepartie, afin d'être la plus ressemblante possible à ce qui devrait être manifesté. C'est le miroir de l'âme qui, en ramenant l'image du dehors au dedans, arrive à pénétrer l'invisible de l'œuvre dans le sens du dedans. Chaque œuvre est le miroir des miroirs. L'œuvre est le réfléchissement de l'être sur soi et l'artiste renvoie l'image de ce miroir où se reflète son être propre. De cette manière, l'œuvre concrétise l'image sans que l'image l'habite, ou qu'elle soit unie à sa substance en tant que telle. La réalité de l'œuvre reste ainsi unie, indépendante et sans lieu contenant. C'est pourquoi l'œuvre d'art est du pays du non-où.[42]

---

40. Christian Jambet, op. cit., 2e part., « La révolution existentielle », chap. III, p. 319.
41. G. W. F. Hegel, Introduction à l'esthétique, le Beau, op. cit., chap. I, p. 187.
42. Voir le travail de Henry Corbin sur l'œuvre de Sohravardi : *L'archange empourpré*, Paris, Fayard, 2002, commentaire sur « La langue des fourmis », p. 438.

## L'artiste et le souffle créateur

*Lorsque les oiseaux esprits saints ont pris leur vol des branches de la rose
qui est la vision de l'éphémère, et ont traversé la distance de l'espace du ciel
et de la certitude, il n'est plus pour eux d'autre nid que les jardins de l'approche.
L'approche est la maison secrète de la pré-éternité
dans laquelle se trouvent les trésors des grâces subtiles de la beauté incréée.
Lorsque les proches, dans les tabernacles de la magnificence,
ont bu la source, le breuvage de la proximité,
et qu'ils ont entraîné les fardeaux des lumières
avec les montures des secrets, le feu de la vision pénètre.
Pour la lumière de la révélation intérieure, dans l'aile de leur âme.
Sous la violence victorieuse de ce feu, les voiles de leur âme sont consumés ;
ils restent sans ailes à la porte de l'occultation de l'invisible.
Les fiancés de la beauté se montrent à eux par l'orifice de la surexistence.
Comme ces ailes ont disparu, le pur amour leur fait pousser d'autres ailes à cette étape.
Avec ces ailes, ils s'envolent de nouveau à la façon du papillon ;
autour du cierge de la beauté, dans le chandelier de l'approche,
la lumière de l'atteinte alors les consume.
Lorsque la totalité des ailes a été brûlée par l'esprit dans l'esprit,
(l'amant) a acquis la gnose des réalités mystiques dans le palais de la pré-éternité.
Ces hautes connaissances deviennent pour lui les ailes de l'amour et du désir,
et il prend son vol dans l'espace de l'approche de l'approche.*

Rouzbéhan[43]

Tout au long de cette deuxième partie concernant l'essence de l'œuvre, nous avons tenté d'éclaircir la nature de l'essence demeurée sur place, et le comment puiser dans son devenir. Les choses sur place existent et leur acte même d'exister leur donne vie. L'artiste, en s'emparant d'une portion de l'espace, tente d'emménager l'essence qui émane de ce même espace, et de la ramener à son origine.

L'artiste, dans son lieu informe, tente de donner forme à cette substance émanant de la lumière première dont son propre lieu émane. La forme visible que l'artiste emprunte pour représenter l'invisible est l'espace d'un acte résultant du mouvement qui a transformé l'âme de l'artiste de l'état de puissance à état de l'acte.

L'art, dans un enclenchement de processus allant du contenu au contenant, nous prouve que le dehors et le dedans n'existent pas, et que le dehors est partie intégrante du dedans. Ainsi, l'artiste, comme un amant qui a vu le visage de l'amour dans le miroir de son être,

---

43. Rouzbéhan-é Shirâzi (1128-1209), *Le jasmin des fidèles d'amour*, op. cit., chap. XXVII, p. 239.

intègre le dedans venu de l'extérieur en projetant le résultat de sa manifestation intérieure au dehors. Il crée alors l'œuvre.

Le souffle créateur demeure avec le premier point, l'anime et continue son existence dans l'œuvre une fois finie. L'art est une puissance irremplaçable et l'artiste est l'agent de la mise en acte de cette même puissance.

L'artiste est constamment face à un impératif, quelque chose qui le devance, ou dans le langage de Sohravardi un impératif survenant d'un haut lieu. Ceci est logiquement valable pour tout être, artiste ou non. Mais l'artiste a le don de façonner l'énoncé de son impératif. Il a le pouvoir de l'animer. En façonnant l'énoncé de son impératif créateur, l'artiste tente de communier avec le haut lieu dont parle Sohravardi dans le prologue de son livre *Hékmat-al Eshrâgh*.

« Chaque être, comme logos, réalise l'énoncé même de son impératif créateur, qui met son être à l'impératif et le fait exister. C'est en ce sens qu'il porte en lui sa destinée, sa norme propre, sa loi personnelle. C'est son être foncier, pré-éternel, antérieur à son être empirique[44]. »

L'artiste façonne la face cachée des choses en leur donnant des formes visibles. Les formes visibles de l'artiste étant des réalités extérieures à son imagination, il est parfaitement en droit de déformer ces formes visibles qui sont la manifestation de son essence informe à l'origine. C'est pourquoi l'informe donne naissance très souvent à des formes qui pourraient ne pas se trouver dans le monde visible. L'énoncé impératif de l'artiste le devançant, il se trouve souvent face aux formes émergeant d'un point de départ qui, en ayant été animées par le souffle créateur, portent parfois leur propre destin en main. Rentrons dans un atelier :

« Entrer dans l'atelier de Pollock, c'est pénétrer dans un autre monde, un monde où l'intensité de l'esprit et celle des sentiments de l'artiste ont libre cours. C'est cette qualité d'esprit peu commune qui pénètre jusqu'aux tréfonds de la nature sans jamais pour autant s'efforcer de montrer son visage, qui est projeté dans les peintures

---

44. Notes de Henry Corbin sur *Le livre de la sagesse orientale* de Sohravardi, Paris, Verdier, 1991, p. 85.

dont les moyens d'expression étranges et souvent violents captivent certains et en agitent d'autres. [45] »

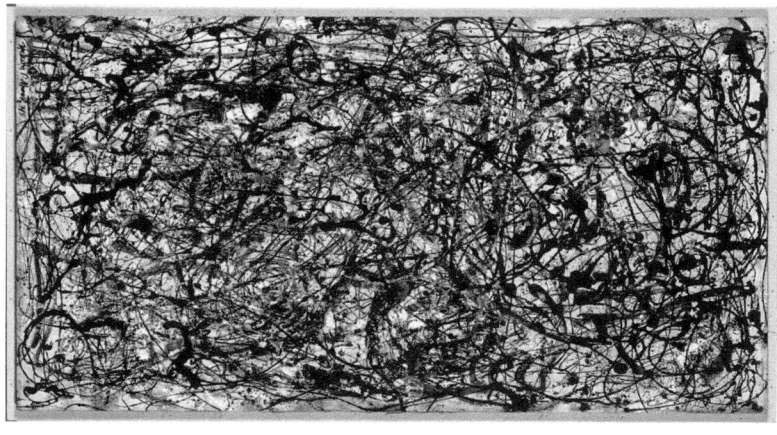

*Number 26A, Black and White*, Jackson Pollock, 1948, émail sur toile, 208 x 121 cm.

Même dans le cas de Jackson Pollock qui est considéré comme un des pionniers de l'*Action Painting*, la mise en œuvre n'est pas une expression de la pure pulsion. L'artiste travaille en poussant sa réflexion et avec des renvois constants de ce qu'il saisit par la vue à ce qu'il saisit sans voir. L'œuvre se met doucement en place et ne représente en aucun cas un champ extérieur pour abriter des sentiments ou des pulsions. L'œuvre à tout moment est un champ ouvert et sans bord où nous n'arrivons pas à déceler où commence l'intérieur et où se terminent l'extérieur et le contraire.

Le comment et le pourquoi du geste resteront à jamais un mystère. Il n'y a pas mieux que des peintres pour parler de la peinture ! Je suis persuadée que les peintres, même les plus anciens, même dans les scènes les plus représentatives de la nature et du réel, tentèrent de représenter l'informe. Quelque chose d'inexpliqué vient appuyer la conviction qu'a l'artiste de commencer, et ce souffle créateur est

---

45. Robert Goodnough, *Pollock peint une peinture*, catalogue Jackson Pollock, Centre Georges Pompidou, Paris, RMN, 1982.

sans doute le point de départ d'une représentation qui ne connaît pas sa forme. L'essence originelle, par nature informe, quand la lumière illuminatrice fait rencontrer l'âme et l'esprit, construit sans aucun doute une forme déjà sans forme au départ. C'est pourquoi dans l'œuvre une fois présentée de l'artiste, il faudra tenter de saisir la forme qui émane de l'informe, ou de la forme au-delà des formes représentées.

« Commencer un tableau : une aventure dont on ne saurait dire où elle vous conduira. L'intérêt pour l'artiste serait faible s'il le savait précisément par avance, s'il devait exécuter un tableau qui au préalable serait entièrement fait dans son esprit. Rien de tel, l'artiste est attelé au hasard. L'homme nomme hasard tout ce qui vient de ce grand trou noir des sauces mal connues. Ce n'est pas exactement avec n'importe quel hasard que l'artiste est aux prises, mais bien avec un hasard particulier, propre à la nature du matériau employé. Le terme de hasard est inexact ; il faut parler plutôt des velléités et des aspirations du matériau qui regimbe[46]. »

L'informe (ce que Dubuffet appelle le trou noir) est un lieu entre le monde sensible et le monde intelligible, c'est le monde des symboles qui contiendrait cet informe, et c'est la mission de l'artiste que de le mettre à découvert et sans voile ; ce que Sohravardi appelle « la quête de la révélation ».

Si l'art appartient au monde imaginal, par sa puissance irremplaçable, il fait rentrer l'artiste dans un monde de signes et de symboles. L'artiste, qui a comme devoir de révéler à l'âme humaine sa face cachée, rentre en action et met l'art en acte par ses représentations. Si la face cachée de l'âme paraît informe, les signes et les symboles que l'artiste laisse dans ses présentations pourraient aussi bien être de nature informe ou d'un aspect concret. Dans les deux cas, la nature du contenu restera la même.

Mais il ne faut pas oublier qu'une représentation a pour nature deux faces, celle de la face présentée et celle de la face irreprésentable ; et c'est pour permettre à l'œuvre d'être découverte dans sa face irreprésentable que l'artiste fait appel à des signes dans son travail.

---

46. Jean Dubuffet, textes choisis dans *Textes essentiels sur la peinture*, sous la dir. de Jacqueline Lichtenstein, Paris, Larousse, 1995.

D'après Foucault, « Une idée peut être le signe d'une autre, non seulement parce qu'entre elles peut s'établir un lieu de représentation, mais parce que cette représentation peut toujours se représenter à l'intérieur de l'idée qui représente. Ou encore parce que, dans son essence propre, la représentation est toujours perpendiculaire à elle-même ; elle est à la fois indication et apparaître, rapport à un objet et manifestation de soi[47]. » En effet, le symbole n'est pas un signe au hasard ; il annonce quelque chose qui ne peut être exprimé d'une autre manière ; le choix du signe reste unique par rapport à la réalité du moment qu'il faut exprimer. La mission, pour celui qui voit, est de pénétrer le sens du symbole, non pas pour le banaliser, mais pour pouvoir le transcender comme la seule expression du signifié qu'il symbolise. Au-delà des signes et des symboles, « le mystère ultime de l'art subsiste au-delà de nos connaissances les plus taillées », comme le dit Paul Klee. Les symboles sont là pour révéler le contenu de l'informe à l'âme humaine. L'artiste emploie les signes et les symboles qui précèdent parfois son action ; à nous d'en trouver le sens. Le contenu de l'art aussi bien que l'informe dont l'artiste se préoccupe sont exactement de même nature. Le spectateur qui se met en position de regarder s'approprie l'œuvre, et l'éveil de son âme dépend entièrement du sens qu'il tire des signes formels ou informes que l'artiste a laissés comme indices dans sa représentation. Mais le but final de l'art ne serait-il pas d'« éveiller l'âme », comme le pensait Hegel ?[48].

Il s'agit bel et bien du devenir de l'âme, aussi bien du côté de l'œuvre à créer que de celui que l'œuvre une fois créée donne à voir. Dans les deux cas, étant donné le processus de la perception expliqué au cours de ce travail, cela consisterait à libérer des sens de l'imagination active (pur produit de l'âme), pour la mettre en acti-

---

47. Michel Foucault, *Les mots et les choses*, Paris, Gallimard, 1966, chap. III, p. 79-80.
48. « C'est ainsi que l'art renseigne l'homme sur l'humain, éveille des sentiments endormis, nous met en présence des vrais intérêts de l'esprit. Nous voyons ainsi que l'art agit en remuant, dans leur profondeur, leur richesse, et leur variété, tous les sentiments qui s'agitent dans l'âme humaine et que nous intégrons dans le champ de notre expérience, ce qui se passe dans les régions intimes de cette âme. *Nihili humani a me alienum puto,* telle est la devise qu'on peut appliquer à l'art. » G. W. F. Hegel, *Introduction à l'esthétique, le Beau*, Paris, Flammarion, 1984, chap. 1er, p. 41.

vité à l'état pur de son existence ; Ceci afin que, comme l'explique Henry Corbin, « l'événement de l'âme » se produise pleinement.⁴⁹ Il ne faut ni s'encombrer des sens, ni se surcharger d'informations venant de l'intellect. L'homme renaîtra de lui-même dans chaque acte de connaissance. L'artiste permet le devenir un, à la fois dans l'être et dans l'objet de la réalité qu'il voit. Par la connaissance de l'objet révélé par l'œuvre, celui qui regarde rejoint l'objet de la réalité de l'œuvre comme objet de sa propre révélation.

« Au commencement de son odyssée, l'âme est la simple forme matérielle du corps, elle relève du monde de la nature. Quand elle parachève son éducation à l'être, elle parvient au terme de cette première naissance naturelle. Son existence surmonte la faiblesse corporelle, et l'âme devient la deuxième forme perceptive dont l'essence est spirituelle, et se décline selon les trois degrés de la perception : sensible, imaginative, intelligible, puisque toute perception est spirituelle. »⁵⁰

Tel est le schéma de l'activité créatrice de l'artiste par l'éveil de son âme jusqu'à la révélation du sens caché des choses à celui qui regarde.

---

49. Henry Corbin sur l'œuvre de Sohravardi, *L'archange empourpré*, Paris, Fayard, 2002, note sur « Le livre des Tablettes », p. 123.
50. Christian Jambet, *op. cit.*, p. 246.

Chapitre III

# L'art et le temps

*Dans la religion des fidèles d'amour,
Il n'y a jamais d'atteinte finale à l'union,
Bien qu'il n'y ait jamais non plus de séparation,
Parce que la loi de ce qui est temporel ne s'applique pas à ce qui est éternel.*

Rouzbéhan[1]

LA vie d'une œuvre est assurée par un temps contenu en elle. L'essence d'une œuvre contient son propre temps, et de cette manière elle se préserve d'une quelconque limite dans un temps qui s'écoulerait en dehors d'elle. Le temps de l'œuvre restera à être découvert par l'œil de celui qui percera l'indéfini de ce temps.

« L'effort par lequel la chose existe n'enveloppe aucun temps défini, mais au contraire puisque, si elle n'est détruite par aucune cause extérieure, elle continuera d'exister par la même puissance par où elle existe actuellement. Cet effort enveloppe un temps indéfini[2]. »

Si une œuvre commence dans l'idée d'un temps limité, on pourrait considérer cette œuvre-là comme morte dès sa sortie de l'atelier. D'ailleurs les grandes œuvres, celles qui survivent au temps, ont

---

1. Rouzbéhan (1128-1209), poème extrait de *Le jasmin des fidèles d'amour*, op. cit.
2. Spinoza, *Œuvre 3, Éthique*, trad. et notes par C. Appuhn, Paris, Flammarion, 1965, 3ᵉ partie – proposition VIII, p. 143-144.

été conçues dans un temps indéfini de nature sans bord et sans fin. L'intervention du temps à proprement parler n'existe pas avec l'œuvre, mais elle est dans l'œuvre. Le temps de l'œuvre, par essence, ne peut avoir un lieu.

Chez bon nombre d'artistes, la notion centrale est celle du temps ; non seulement dans le sens du temps d'accomplissement de l'œuvre, mais plutôt dans le sens ou la façon dont le temps serait introduit dans l'œuvre. En ce qui concerne l'observateur, on pourrait également parler du temps qu'il lui faut afin qu'il saisisse l'œuvre. Étant donné le nombre d'approches concernant cette saisie dans le temps, nous arrivons à évoquer le temps que nécessite le voyage de chacun pour atteindre l'essence d'une œuvre. Il lui faudra de plus un deuxième temps pour la ramener chez lui. Le temps de l'œuvre, c'est le temps du voyage de l'âme vers elle.

Nous devrions donc considérer le temps dans une œuvre sur trois temps :
1. le temps du dévoilement,
2. le temps du voyage,
3. le temps d'apparaître.

En effet, en premier lieu, il faudrait un temps à l'artiste pour qu'il puisse, par le reflet réfléchi dans le miroir de son être, dévoiler enfin la face cachée des choses. La révélation se met dans la même direction que la manifestation dans l'essence de l'être de l'artiste, et ceci dès le premier point ; et même avec le concept d'avant le point, là où l'œuvre commence. Ce laps de temps détient le souffle créatif tout en sachant que le souffle lui est antérieur. C'est le temps de l'exister qui détient l'œuvre dans sa totalité.

« On n'écoute pas assez ce que disent les peintres. Ils disent que le peintre est déjà dans la toile[3]. »

Quand le secret, comme le nomme Kandinsky, est dévoilé, le temps de ce secret reste le secret lui-même. C'est pourquoi le temps de dévoilement reste indéfini, et par conséquent indéfinissable. Il restera « un temps » à être découvert plus tard, dans un autre temps, donné cette fois-ci à l'observateur. Le temps demeure sur place, dans le concept.

---

3. Gilles Deleuze, *Bacon, logique de la sensation*, op. cit..

« Le fait de se représenter une chose en général signifie que le concept est actualisé dans l'âme en accord avec ce qu'il y a *in concerto*. Tel est le cas pour les concepts et les quiddités universelles autres que l'être, lesquelles existent tantôt d'une existence concrète bien enracinée, tantôt d'une existence mentale à la façon d'une ombre, leur essence se maintenant sous l'une et l'autre forme d'être. Or, l'être, l'exister, ne comporte pas d'autre exister avec lequel il permuterait, tantôt à l'état extra-mental, tantôt à l'état mental, tandis que son concept se maintiendrait[4]. »

Après le temps de dévoilement, il y a aussi le temps du voyage (au sens avicennien du terme), c'est-à-dire du retour de l'âme chez elle. Ce qu'Avicenne a nommé « voyage vers l'Orient », (l'Orient dans le sens du levant). Pour réaliser ce voyage il faudrait un temps. Ce temps encore indéfini aura une durée plus ou moins longue selon la démarche accomplie à travers une œuvre. Passer de l'intérieur vers un dehors et se ramener en un lieu interne, ce retour au soi demande un temps. Bien entendu, de la même manière que l'étape de dévoilement s'applique à l'observateur, l'étape du temps du voyage est également nécessaire à celui qui découvre l'œuvre. Il faudra un autre temps, celui-ci propre au degré d'intensité du regard de l'observateur qui s'additionnerait au temps de la révélation d'une œuvre, dans le sens accompli du terme. Il s'agit d'un temps venu de l'intérieur, se trouvant à l'extérieur, pour retourner enfin au mode intérieur. Le monde de l'âme, pour l'approche duquel il faudra la vision du cœur, possède tous ces temps à la fois et n'est pas limité dans son propre temps. Le temps de l'œuvre, c'est le temps du devenir de l'âme entre les trois moments où elle perçoit, imagine et renvoie. Le réel de l'œuvre vit dans le temps, sans qu'il lui appartienne en tant que tel.

Ce que nous appelons le voyage est ce temps propre que chaque artiste devrait traverser après le dévoilement. L'intensité de ce temps dépend directement du récit que chaque artiste voudrait transmettre pour raconter son voyage. Ainsi le temps fera son œuvre.

Chaque artiste vit le temps de son œuvre à sa manière, et ceci non seulement dans le temps de l'exécution de son travail, mais aussi dans le temps qui accompagne le devenir possible de son idée ini-

---

4. Mollâ Sadrâ Shirâzi, *Le livre des pénétrations métaphysiques*, op. cit., p. 87.

tiale. Le plus important pour l'œuvre c'est le moment où l'artiste s'est souvenu, autrement dit sa mémoire. Et la mémoire est le temps. Il l'a vu, l'invoque, et pour le projeter, il se souvient. C'est ce temps du souvenir qui est l'élément le plus important, presque le seul qui représente le temps de l'œuvre, celui qui survivra à l'œuvre dans le temps.

Lorsque Van Gogh écrit à son frère que, pour composer l'œuvre il faut s'en souvenir, je pense qu'il parle du temps, qu'il s'obstine à vouloir se souvenir de ce qu'il voyait dans la nature.

«.../... On croit que j'imagine - ce n'est pas vrai - je me souviens, disait quelqu'un qui savait composer magistralement[5]. »

Le troisième élément qui constitue le temps de l'œuvre est le temps d'apparaître, qui dure tout le temps d'une exécution pour arriver à l'œuvre finale. Le maître de ce temps-là est l'artiste en personne, puisque c'est lui seul qui saura à quel moment il s'arrêtera.

Quand l'œuvre apparaît, c'est qu'en réalité son temps de parcours du chemin du devenir a pris fin. Son essence demeure. Une œuvre par essence *n'est* pas, mais elle devient. Son devenir est son acte même d'exister, et par conséquent, cela fait qu'elle existe.

Le devenir étant partie intégrante du temps, l'œuvre au moment même de son commencement est rentrée dans cette catégorie du temps qu'est le devenir.

L'œuvre une fois terminée devient un être à part entière, et l'image qu'elle représente crée à elle seule une sorte de troisième dimension. Les possibilités d'interpréter l'image de cette présentation se perpétuent jusqu'à l'infini, et ceci jusqu'à l'infini dans le temps.

Autrement dit, le temps passe et l'essence demeure.

« Sache, ô mon frère, que l'amour est attribut sacro-saint enraciné dans la Mère Sainte. Il est exempt de l'altération des choses en devenir, parce qu'il est l'attribut de Dieu. Dès avant que n'existent les mondes et leur devenir, l'Être divin est lui-même l'amour, l'amant et l'aimé... »[6]

---

5. Vincent Van Gogh, *Lettres de Vincent Van Gogh à son frère Théo,* traduit du hollandais par Georges Philippart, Paris, Grasset, 1980.
6. Rouzbéhan, *Le jasmin des fidèles d'amour, op. cit.*, chap. VII, p. 105.

## Épilogue

*Je suis l'esclave de ceux qui se connaissent eux-mêmes*
*Qui, à chaque instant, libèrent leur cœur de l'erreur,*
*Avec leur propre essence et leur propre attribut,*
*Ils composent un livre*
*Et ce livre, ils lui donnent pour titre « An' ál Haqq »*

Rumî[7]

Le processus de l'art est sans doute « un voyage », aussi bien pour celui qui crée que pour celui qui tente de l'approcher. Un voyage dont le but est de ramener le non-être à l'être, selon un procédé menant l'essence de l'art à son origine. L'art dans ce voyage sera le réceptacle du lieu invisible de l'être, afin de lui révéler la réalité qui s'y cache. Une fois les voiles tombés, dans un mouvement de l'âme vers chez elle, la lumière réfléchie de l'origine de l'être fait rentrer le sensible au cœur de ce mouvement qui lui donnera les qualités requises pour devenir à son tour réceptacle. Les sens ainsi accèdent à l'invisible de la représentation et réussissent à s'unir avec l'essence de ces mêmes sens. C'est pourquoi nous pourrions parler du voyage en ce qui concerne l'art et le lieu qui l'accueille, d'où le sous-titre de voyage au pays du non-où. Le lieu que nous avons pris le risque d'introduire comme titre, malgré les dangers qui l'entouraient, restera le non-lieu de la pensée sohravardienne expliqué au cours de ce travail.

En ce qui concerne la démarche artistique et la manière de l'observer, c'est en adhérant au concept de voyage à l'origine et au désir de rejoindre sa source, qu'il faudrait entendre le lieu. Ceci comme l'endroit de rencontre et l'endroit du retour ; se rapprochant également du lieu de la mémoire.

L'artiste voit la face de l'origine sur le miroir de son être, et le reflet qu'il fait apparaître est le lieu de la manifestation du champ de son souvenir et de ce qu'il a vu. Si l'observateur est capté dans ce même processus par le reflet de la lumière de l'essence de l'artiste, ce que celui-ci reconnaît dans cette représentation est le propre reflet de son essence et il s'en souvient. C'est en ce sens que ce temps de mémoire accompagne l'œuvre d'art et lui survit.

---

7. Mowlânâ Djalâl od-Dîn Rumî (1207-1273), poème tiré de *Rubâi'yât*, Paris, Albin Michel, 1987.

« L'amant, au cœur de la nuit, entend avec son âme jusqu'aux aboiements des chiens dans la rue de l'être aimé. Majnûm fut surpris en train de donner son pain à un chien et de le caresser. On lui demanda :
- D'où vient donc ton amour pour ce chien ?
- Un jour, dit-il, il est passé par le quartier où habite Leyla[8]. »

Si « se souvenir » est le point de départ du « voyage », et puisque ce voyage est le processus de l'acheminement du non-être vers la révélation, et puisque l'être révélé est contenu dans le non-être dès l'origine, le point de départ sera toujours le porteur de l'essence de l'être. Comme un grain de blé qui détiendrait la vie.

« Se souvenir » dans l'art, c'est puiser le sur place. Il se manifeste à condition qu'il n'y ait plus de voile entre celui qui œuvre et l'essence de cette même œuvre. En ce qui concerne l'observateur, il faut qu'il n'y ait plus de voile entre lui et l'œuvre pour qu'il puisse y pénétrer.

L'espace d'une œuvre est l'endroit d'une réalité extérieure, présente et contenue dès l'origine. Une réalité qui serait d'une nature complètement intérieure. À partir du moment où le réceptacle de l'œuvre tente de représenter le présenté d'un principe intérieur, il deviendra totalement intérieur dans toute sa réalité extériorisée, et ainsi incarnera le lieu de l'union de l'un et de l'autre. Là où l'un se termine se trouve le point de départ de l'autre, et ainsi jusqu'à l'infini ; d'où la nécessité d'intégrer la notion de monde imaginal au cœur même de l'esthétique.

Il faudra souligner la singularité du regard qui a dominé le champ de ce travail, la particularité d'un regard de peintre ; ce que je suis. Pour cette même raison, pour parler du lieu dans l'art en général, nous avons choisi de parler de peinture en particulier. Les traits qui nous ont unis tout au long du chemin à Kandinsky, à Paul Klee ou à Alberti, avant d'être les partages d'une même famille de pensée, sont essentiellement les traits communs qui nous lient à eux en la qualité de peintre. Si en peinture, le miroir pour contempler l'invisible est l'œuvre dans sa finalité, le miroir où contempler l'essence de cette même œuvre rappelle les yeux éclairés par la manifestation de l'amour.

---

8. Rouzbéhan, *op. cit.*, p. 66.

« S'il te faut contempler l'âme de l'amour avec les yeux de l'âme, pénètre alors en mon âme, pour qu'entre les pétales de la rose qui est l'âme de mon amour, tu découvres l'épiphanie du pur amour, — les milliers de rossignols et de colombes qui sont dans les jardins du cœur, les soupirs à la psalmodie douloureuse et suave, leurs ailes – leur désir – consumés par le feu d'amour... »[9]

Voici ce qui demeure comme l'essence invisible de l'art, qui dans le souffle créateur met en œuvre le processus du dévoilement et sa manifestation, pour qu'enfin l'œuvre naisse, ou même, se référant au « voyage vers l'origine », qu'elle « renaisse ».

L'œuvre commence toujours dans la négation, et elle rompt le non-être par sa présence. Quand l'état de préparation est parfaitement achevé, l'essence indicible de l'art se manifeste, passant de l'état de l'invisible au visible au sens sensible du terme. Le non-représentable demeure encore dans l'incréé, et demande à naître. Cette naissance n'est possible que par le regard de celui qui transforme le représenté du monde du non-être à l'être. Ainsi, l'œuvre renaît perpétuellement dans le regard et par le regard, et restera à jamais le moyen de révéler ou de suggérer le mystère de l'origine.

Le lieu qui accueille l'être de l'art, mêlé dans son sens le plus profond à l'être de l'homme, reste à jamais indéfini. Ce que nous avons nommé lieu, qu'il s'agisse de la demeure de l'amour, ou qu'il représente la nécessité intérieure selon Kandinsky, est tout cela à la fois. Sans avoir une quelconque situation géographique, il est sans doute là où se rencontre l'âme.

Terminons par ces vers de Sohrâb Sépéhri en avertissement, afin que l'on sache que l'essence même de chercher reste à saisir :

*Il ne nous appartient pas de percer le mystère de la rose*
*Nous ne pouvons à la rigueur*
*Que nous baigner dans la magie de la fleur*

Sohrâb Sépéhri[10]

---

9. Rouzbéhan, *op. cit.*, chap. III, p. 67.
10. Sohrâb Sépéhri (1928-1980), poème tiré de *Les pas de l'eau*, traduit du persan par Daryoush Shaygan, Paris, La Différence, coll. « Orphée », 1991.

# Annexe

AVICENNE (Abu Ali Hoseyn ibn Abdellâ) 980-1037
Né à Afshaneh près de Bokhârâ, mort à Hamédân. Médecin, philosophe et mystique musulman, Iranien. Il fut l'élève de Fârâbi. Plusieurs de ses traités nous sont parvenus. Son *Canon de la médecine* (abrégé en vers dans le *Poème de la médecine*) fut longtemps la base des études médicales tant en Orient qu'en Occident. Ses œuvres philosophiques (*Livre de la Guérison, Al-shifâ*) témoignent d'un aristotélisme d'inspiration souvent néoplatonicienne. Sa philosophie orientale ou illuminative, dont il ne reste que des esquisses et fragments, et ses trois *Récits mystiques* influencèrent Sohrawardi.

Extrait du *Petit Robert*, dictionnaire universel des noms propres.

ATTÂR (Farid od-Dîn) v. 1150-v. 1220
Poète persan. Attâr de Nichâpour au Khorassan exerçait comme son père la profession de droguiste (c'est le sens propre de son surnom littéraire de Attâr) mais il était gagné au soufisme, qu'il avait étudié auprès de maîtres reconnus. Son œuvre est très vaste. Elle comprend un ouvrage de prose, le *Mémorial des Saints*, recueil de biographies de soufis, un *Divan lyrique* et divers masnavis, dont les plus connus sont le *Livre des préceptes*, brève collection de sentences qui jouit d'une grande popularité, et le *Colloque des oiseaux*, qui décrit l'itinéraire mystique sous la forme d'une fort belle allégorie. Cette œuvre est entièrement dominée par l'inspiration mystique. Attâr est un des plus grands représentants du soufisme en Iran.

Extrait de *Anthologie de la poésie persane, $XI^e$-$XX^e$ siècle*, textes choisis par Z. Safâ, Paris, Gallimard/Unesco, 1964.

HÂFÉZ (Shams od-Dîn Mohammad) v. 1320-v. 1389
Né et mort à Shiraz en Iran. Le plus grand poète lyrique persan. En dehors de brefs séjours à Yazd et à Ispahan, il ne quitta jamais sa ville natale, malgré les offres des princes iraniens des diverses régions. Après de brillantes études en théologie et en langue et littérature arabe, il enseigna ces matières ainsi que l'exégèse cora-

nique (d'où son nom littéraire Hâféz, « celui qui connaît par cœur le Coran ») dans une *madresa* à Shirâz. Il n'acquit la gloire littéraire qu'après avoir rassemblé ses poésies en un *Divan* (1368). Hâféz s'inspira de l'habituelle thématique de la poésie persane, tout en renouvelant tous les genres. Il habilla le panégyrique, qui occupe une place restreinte dans son divan, d'une forme lyrique inconnue jusqu'à lui. Il perfectionna le *Ghazal* (poème d'amour) en unissant l'expression et la pensée par un équilibre savant entre le rythme musical et la profusion des images. Une partie de sa poésie s'enveloppe de mystère en raison d'une symbolique profonde et ésotérique. Dans son œuvre, les poèmes littéralement bachiques côtoient ceux qui dégagent l'ambiguïté propre au genre mystique.

Extrait du *Petit Robert*, dictionnaire universel des noms propres.

IsfarÂyini (Nur od-Dîn abu Mohammad Abdorrahmân) 1242-1318
Né à Kasirq, aux alentours d'Isfarayn en Iran, il est mort en 1318 à Baghdad. Iranien, mystique musulman chiite. Il vivait encore auprès de ses parents quand il s'était déjà engagé dans la voie soufi. Son père était peut-être lui-même soufi. Quand au maître dont il se considère comme « éminemment le disciple », ce fut Shaykh ahmad-i Gurpani, celui-ci disciple du Shaykh Kubrawi Alî-i Lâlâ. Il quitta Khorasân où il résidait après la mort de ses parents pour s'installer à Baghdad où il organisa plusieurs centres soufis dans la ville, et donna son enseignement spirituel dans un établissement appelé *Ribâti-Sahinâ*. Il crée pendant ces quelques quarante années de vie à Baghdad, un important centre de l'Ordre Kobrawî. C'est dans ce cadre général qu'il s'engage en tant que directeur spirituel d'un bon nombre d'hommes politiques. Auteur de plusieurs traités mystiques. Son plus grand ouvrage est *Le révélateur des mystères (Kâshif al-Asrâr).*

Extrait du N. Isfarayini, *Le révélateur des mystères*, traité de soufisme par Hermann Landolt, Paris, Verdier, 1986.

Khayyâm (Omar) v. 1050-v. 1123
Né et mort à Nishapur en Iran. Savant et poète persan. De son vivant et pendant longtemps, il était surtout connu par ses écrits scientifiques et philosophiques où il se révèle comme un disciple

d'Avicenne. Il rédigea un célèbre traité d'algèbre (en arabe) où il classa systématiquement les équations du second et du troisième degré avant d'essayer de les résoudre. Astronome réputé, il fut appelé par le sultan Saljugide (le Shah de l'époque) qui le chargea de la réforme du calendrier persan. Ce n'est que plus tard que sa renommée poétique s'imposa car ses poèmes, pessimistes, sceptiques et souvent blasphématoires, ne furent transmis que discrètement afin d'éviter la répression des autorités islamiques. Sa consécration universelle n'est intervenue qu'au $XIX^e$ siècle après l'adaptation anglaise de ses œuvres.

Extrait du *Petit Robert*, dictionnaire universel des noms propres.

## MOLLÂ SADRÂ SHIRÂZI (Sadr od-Dîn Mohammad ibn Ibrahim) 1571-1640

Né à Shiraz, il est mort à Basra en 1640. Plus communément désigné sous son surnom honorifique de Mollâ Sadrâ ou de Sadr Al Mota allibîn (le chef de file des théosophes), il est une des très grandes figures qui honorent la pensée islamique en général, plus particulièrement la pensée de l'Islam chiite, et plus particulièrement, il ancre la pensée et la spiritualité de l'islam iranien. Il est malheureusement resté à peu près complètement inconnu des histoires générales de la philosophe en Occident. Élève de Mir Damad, il enseigna la philosophe, les mathématiques et la théologie à Shiraz au grand Madrasa Khân.

Il rédige un monument d'ouvrages et de traités philosophiques parmi lesquels des commentaires d'Avicenne et de Sohravardi, livre des sources de *Kolayni*, ainsi que le *Tafsir* très développé de plusieurs sourates de Qorân et d'autres.

Mollâ Sadrâ révèle son appartenance à l'école Ishrâghi, celle de Soharavardi, c'est-à-dire l'école qui se désigne comme celle de la théosophie orientale, pour se situer non pas tellement contre l'école des péripatéticiens, que comme allant au-delà de celle-ci. Les principaux thèmes de Mollâ Sadrâ sont : primauté de l'acte d'exister sur la quiddité, théorie du mouvement substantiel (ou plutôt intrasubstantiel), unification du sujet qui intellige avec la forme intelligiée, théorie de l'imagination comme faculté purement spirituelle, indépendante de l'organisme physique, théorie du *mundus imaginalis* (*âlam al-mithâl*), philosophie de la résurrection pour expliquer quelle sorte de corps elle concerne (*ma'âd jismani*).

<small>Extrait du Mollâ Sadrâ, *Le livre des pénétrations métaphysiques*, par Henry Corbin, Paris, Verdier, 1988.</small>

RUMÎ (Mowlânâ Djalal od-Dîn Rumî dit Mowlavi) 1207-1273
Poète persan. Né à Balkh en région de Khurasân en Iran, il est mort à Konya en 1273. Surnommé *Mowlanâ*, « notre maître », il se réfugie en Asie mineure à cause de l'invasion mongole en 1 230. Instruit par son père Bahâ-é Valad, il compléta ses études en Syrie et enseigna la théologie à Konya jusqu'à ce qu'il fît la rencontre de Shams al-Din Tabrizi qui l'initia aux pratiques mystiques. Son *Masnavi* qui expose la doctrine du soufisme par les paraboles, est considéré comme un des chefs-d'œuvre universels de la littérature mystique. Il écrivit un recueil de *Ghazals* débordant de lyrisme, un recueil de quatrains (*robâ'i*), un traité mystique et des épîtres en prose. Rumî s'inscrit dans la tradition des poètes de Khorâsân.

<small>Extrait du *Petit Robert*, dictionnaire universel des noms propres.</small>

ROUZBÉHAN (Rouzbéhân Baglî Shirâzi) 1128-1209
Né à Fasâ à 140 km de Shiraz en Iran, il est mort à Shiraz en 1209. Grand mystique du XIIe siècle d'Iran, contemporain des familles spirituelles qui débordent ce siècle. Adhérant à la pensée visionnaire illuminative, il a laissé comme ouvrage son propre journal spirituel (*Le dévoilement des secrets, Kashf al-asrâr*) contenant le récit de ses étapes mystiques et de ses expériences visionnaires. La force de ses pensées est caractérisée par des notions comme l'âme de l'âme, *jân-e jan*, ou l'aimé intérieur, *ma'shûq-e bâtin*.
La pensée fondamentale de Ruzbéhan peut nous rappeler certaines thèses non moins fondamentales de Maître Eckhart (le regard par lequel je le connais est le regard même par lequel il me connaît) Il nous faudrait ajouter que Ruzbéhan de Shirâz serait un Maître Eckhart qui eut écrit en outre quelque chose comme l'histoire de Tristan et Yseult.

<small>Extrait du Rouzbéhan, *Le jasmin des fidèles d'amour*, par Henry Corbin, Paris, Verdier, 1991.</small>

SOHRAVARDI (Shâhâb od-Dîn Yahyâ) 1155-1191
Philosophe et mystique iranien de l'Islâm chiite né au nord ouest de l'Iran, il est mort à Alep en 1191. Il étudia à Isphahan où il découvrit la pensée d'Avicenne, vécut quelques années dans le sud-est de l'Anatolie, avant de se rendre en Syrie où il fut jugé et condamné à mort par les théologiens orthodoxes, sous le règne de Salah al-Din (Saladin). Dans son œuvre principale, *Hikmat al-Ishrâg* (théosophie de l'orient, *Le livre de la sagesse orientale*), il a voulu ressusciter la sagesse de l'ancienne Perse (sa doctrine sur les principes de la lumière et des ténèbres) souvent proche de la philosophie platonicienne et établir un lien entre la philosophie et le soufisme. Sa doctrine eut une influence considérable et fut à l'origine d'une école de « philosophie orientale ou illuminative » dont les représentants furent parfois appelés « platoniciens de Perse ».

Extrait du *Petit Robert*, dictionnaire universel des noms propres.

# Bibliographie

*Par ordre d'apparition dans le texte*

MOWLÂNÂ DJALÂL OD-DÎN RUMÎ *Rubâi'yât*, traduit du persan par Eva de Vitray-Meyerovitch et Djamchid Mortazavi, Paris, Albin Michel, 1987.

HENRY CORBIN, *En islam iranien, aspects spirituels et philosophiques*, Paris, Gallimard, 1972.
— *Avicenne et le récit visionnaire*, Paris, Verdier, coll. « Islam spirituel », 1999.

PAUL KLEE, *Théorie de l'art moderne*, édition et traduction établies par Pierre-Henri Gonthier, Paris, Denoël, 1964, 1985 pour la traduction française, coll. « Folio-essais », initialement paru dans *Das bildnerische Denken, Schriften zur Form- und Gestaltungslehre*, édités par Jürg Spiller, Schwabe & Co. Verlag, Bâle, 1956.

MAHMOUD SHABESTARI, *La roseraie du mystère*, (Golshané râz), traduit du persan par Djamshid Mortazavi et Eva de Vitray Meyerovitch, Paris, Sindbad, 1991

ROUZBÉHAN BAQLÎ SHIRAZÎ, *Le jasmin des fidèles d'amour* (Kitâb-e Abhar al-âshiqîn), traduit du persan par Henry Corbin, Paris, Verdier, coll. « Islam spirituel », 1991.

PIERRE DUHEM, *Le Système du monde, histoire des doctrines cosmologiques de Platon à Copernic*, Paris, Hermann, nouveau tirage, 1988.

JEAN CHEVALIER, Alain Gheerbrant, *Dictionnaire des symboles*, Paris, Laffont/Jupiter, 1982.

JOHN D. BARROW, *La grande théorie, Les limites d'une explication globale en physique*, traduit de l'anglais par Michel Cassé, Loïc Cohen et Guy Paulus, Paris, Flammarion, coll. « champs », 1996. Édition originale anglaise, *Theory of everything, The quest for ultimate explanation*, Oxford University Press, 1991.

JACQUES DERRIDA, *La vérité en peinture*, Paris, Flammarion, coll. « Champs », 1978.

Laleh bakhtiar, *Le Soufisme, expression de la quête mystique,* traduit de l'anglais par Marie-France de Paloméra, Paris, Seuil, 1976. Titre original : *Sufi, Expression of the Mystic Quest,* Thames & Hudson, Londres, 1976.

Marc Darmon, *Essai sur la topologie lacanienne, Le discours psychanalytique,* Paris, L'association freudienne, 1990.

Shahâb od-Dîn Yahya Sohravardî, *Livre de la sagesse orientale* (Kitâb Hikmat al-Ishrâq), trad. et notes par Henry Corbin, introduction Christian Jambet, Paris, Verdier, coll. « Islam spirituel », 1896.

Maurice Merleau-Ponty, *Phénoménologie de la perception,* Paris, Gallimard, 1989.

Pierre Guenancia, *Du vide à Dieu. Essai sur la physique de Pascal,* Paris, François Maspero, 1976.

Carl Gustav Jung, *Psychologie et orientalisme,* traduit de l'allemand par Paul Kessler, Josette Rigal et Rainer rochlitz, Paris, Albin Michel, 1985. Édition originale allemande, *Gesammelte Werke,* vol. ix, x, xi, Walter Verlag AG, 1971, 74, 76.

Platon, « Timée », extrait de *Sophiste, Politique, Philèbe, Timée, Critias,* Paris, Garnier Flammarion, 1969.

Henry Corbin, *Corps spirituel et terre céleste,* Paris, Buchet Chastel, 1979.

Michel Serres, *Les origines de la géométrie,* Paris, Flammarion, coll. « Champs », 1994.

François Zourabichvili, *Deleuze, une philosophie de l'événement,* Paris, PUF, 1994.

Seyyed Hossein Nasr, *Essai sur le soufisme,* traduit par Jean Herbert, Paris, Albin Michel, 1980.

Djamshid Mortazavi, *Le secret de l'unité dans l'ésotérisme iranien,* Paris, Dervy-livres, 1988.

Jacques Lis, « L'espace du regard dans la peinture », in *Littoral,* n° 30, oct. 1990.

Spinoza, *Œuvre III, L'éthique, démontrée suivant l'ordre géométrique et divisée en cinq parties,* traduction, notices et notes par C. Appuhn, Paris, Flammarion, 1965.

Saint Thomas d'Aquin, *L'être et l'essence* (De ente et essentia), Paris, J. Vrin, 1947.

— *Anthologie de la poésie persanne XI-XX$^e$ siècle*, textes choisis par Z. Safâ, traduits par G. Lazard, R. Lescot, H. Massé, Paris, Gallimard/ Unesco, 1964.

Mollâ Sadrâ Shirâzî, *Le livre des pénétrations mystiques* (Kitâb al- Mashâ'ir), traduit de l'arabe, annoté et introduit par Henry Corbin, Paris, Verdier, coll. « Islam spirituel », 1988.

Mowlânâ Djalâl od-Dîn Rumî, *Odes Mystiques* (Divân-é Shams-é Tabrizi) traduit du persan par Eva de Vitray-Meyerovitch et Mohammad Mokri, Paris, Klincksieck, 1973.

Mireille Buydens, *Sahara. L'esthétique de Gilles Deleuze*, Paris, J. Vrin, 1990.

Christian Jambet, *L'acte d'être, la philosophie de la révélation chez Mollâ Sadrâ*, Paris, Fayard, 2002.

Djamshid Mortazavi, *Le secret de l'unité dans l'ésotérisme iranien*, Paris, Dervy-livres, 1988.

Carl Gustav Jung, *Dialectique du Moi et de l'inconscient*, traduit de l'allemand, préfacé et annoté par Docteur Roland Cahen, Paris, Gallimard, coll. « Folio essais », 1991. La première édition de cet ouvrage est parue en 1933 chez Rascher à Zurich sous le titre *Die Beziehungen Zwischen dem ich und dem unbewussten*.

Nûr od-Dîn Abdorrahmân Isfarâyinî, *Le révélateur des mystères* (Kâshif al-Asrâr), traité de soufisme, traduction et étude préliminaire par Hermann Landolt, Paris, Verdier, coll. « islam spirituel », 1986.

Henry Corbin, *L'homme et son ange*, Paris, Fayard, 1983.

Shahâb od-Dîn Yahyâ Sohravardi, *L'archange empourpré*, quinze traités et récits mystiques traduits du persan et de l'arabe, présentés et annotés par Henry Corbin, Paris, Fayard, 2002.

Martin Heidegger, *Essais et conférences*, texte intégral, *Penser, habiter, bâtir*, Paris, Gallimard, coll. « Tel », 1958.

Mowlânâ Djalâl od-Dîn Mohammad Balkhi (Rumî), *Le livre de Shams-é Tabriz, cent poèmes*, traduit du persan et annoté par Mahin Tadjaddod et Jean Claude Carrière, Paris, Gallimard, 1993.

SOHRAB SÉPÉHRI, *Les pas de l'eau* (Seday-é pay-é Ab), extrait de *Hasht Kéta*b, préface de Daryush Shayegan, Paris, La Différence, coll. « Orphée », 1991.

HENRY CORBIN, *Le temps cyclique et gnose ismaëlienne*, Paris, Berg international, coll. « L'île verte », 1982.

JEAN VARENNE, *Zoroastre, le prophète de l'Iran*, Paris, Dervy, 1996.

REINER MARIA RILKE, *Lettre à Clara Rilke sur Cézanne*, Paris, Fondation Maeght, 1971.

GILLES DELEUZE, *Bacon, logique de la sensation*, Paris, La Différence, 1994.

ERWIN PANOFSKY, *La perspective comme forme symbolique*, préf. Marisa Delai Emiliani, Paris, Minuit, 1975.

G. W. F. HEGEL, *L'esthétique*, Paris, Flammarion, coll. « Champs », 1979.

MAURICE MERLEAU-PONTY, *Le visible et l'invisible*, Paris, Gallimard, 1993.

G. W. F. HEGEL, *Esthétique des arts plastiques*, textes présentés et annotés par Bernard Teyssèdre, Paris, Hermann, coll. « Savoir lettres », 1993.

WOLFGANG VON GOETHE, *Gedichte*, vol. I-IV, Stuttgart, Cotta, 1827.

BERNARD RANCILLAC, *Voir et comprendre la peinture*, Paris, Bordas, 1991.

JURGIS BALTRUSAITIS, *Les anamorphoses*, Paris, Flammarion, 1984.

G. W. F. HEGEL, *Introduction à l'esthétique, le Beau*, traduction S. Jankélévitch, d'après l'édition allemande de 1835, Paris, Flammarion, coll. « Champs », 1979.

MOWLÂNÂ DJALAL OD-DIN RUMÎ, *Le livre du dedans* (Fihi-ma-fihi) t. II, traduit par Eva Vitray-Meyerovitch, Paris, Sindbad, 1976.

MICHEL HENRY, *Voir l'invisible, sur Kandinsky*, Paris, François Bourin, 1988.

VASSILY KANDINSKY, *Du spirituel dans l'art, et dans la peinture en particulier*, traduit de l'allemand par Nicole Debrand, traduit du russe par Bernadette du Crest, Paris, Denoël, 1989, traduction française et préface de Philippe Sers, Paris, Denoël, 1989.

CHRISTIAN JAMBET, *La logique des Orientaux*, Paris, Seuil, 1983.

OMAR KHAYYAM, *Quatrains*, traduit par J.-B. Nicolas, Paris, Jean Maisonneuve, 1981.

SOHRÂB SÉPÉHRI, *Hasht Kétab*, Téhéran, 1984.

ROBERT GOODNOUGH, *Pollock peint une peinture*, catalogue Jackson Pollock, centre Georges Pompidou, Paris, RMN, 1982.

JACQUELINE LICHTENSTEIN, *Textes essentiels sur la peinture*, sous la dir., Paris, Larousse, 1995.

MICHEL FOUCAULT, *Les mots et les choses*, Paris, Gallimard, 1966.

VINCENT VAN GOGH, *Lettres de Vincent Van Gogh à son frère Théo*, traduit du hollandais par G. Philippart, Paris, Grasset, 1980.

PAUL ROBERT, *Petit Robert 2*, dictionnaire universel des noms propres, sous la dir., Paris, 1990.

# Explicatif des visuels

*Par ordre d'apparition dans le texte*

*Où est la demeure de l'Ami*, Katâyoun Rouhi, 2004-2005, huile sur toile, 41 x 33 cm.

*Imam Ali accompagné de ses fils, Hassan et Hossein*, 1978, huile sur toile, 94 x 140 cm, Iran, datant de la fin de la période Zand et du début de la période Qajar.

*Autoportrait*, Francis Bacon, 1985, huile sur toile, 198 x 147 cm - © RMN.

*Flèche dans le jardin*, Paul Klee, 1918, aquarelle, 17,6 x 16,3 cm - © RMN.

*Number 26A, Black and White*, Jackson Pollock, 1948, émail sur toile, 208 x 121 cm - © RMN.

# Table des matières

- Préface     9
- Avant-propos     13

## PREMIÈRE PARTIE
### Qu'est-ce que le « lieu » ?     19

- **Chapitre premier : L'espace**     21
  - La perception du lieu     21
  - Qu'est-ce que l'espace ?     22
  - Où commence l'univers ?     24
  - La quête de l'unité     27
  - Le lieu sans forme     29
  - L'espace continu et l'espace non-continu     31
  - L'infini     34
  - La forme du lieu     36
  - Le centre et le bord     38
  - L'intérieur et l'extérieur     41
  - La forme humaine comme lieu de l'union     43
  - Le lieu coïncide-t-il avec le vide ?     44

- **Chapitre II : L'essence du « lieu »**     47
  - La substance de l'Univers     53
  - À la recherche de soi     55
  - L'union des opposés     61
  - La chose qui habite le « lieu » ; le « lieu », la chose habitée     63
  - Le non-où     66

- **Chapitre III : Le temps**     73
  - Le temps comme mesure de mouvement     73
  - Le temps qui échappe...     78

## Deuxième partie
## Le « lieu » et le problème de la représentation ... 85

- Chapitre premier : L'espace de l'acte créatif ... 87
  - Le présenté et le non représentable ... 87
  - L'extérieur et l'intérieur ... 93
  - Dehors et dedans dans une œuvre ... 93
  - La peinture, expression visible de l'imaginal ... 96
  - L'espace, autrement vu ... 98
  - L'espace du regard dans la peinture ... 99

- Chapitre II : L'essence d'une œuvre ... 105
  - Le contenu mystique de l'art ... 109
  - La perception de la lumière et le commencement ... 112
  - Voir sans voile ... 117
  - La réalité des formes ... 124
  - Apercevoir l'image ... 127
  - Le miroir et la ressemblance ... 129
  - L'artiste et le souffle créateur ... 132

- Chapitre III : L'art et le temps ... 139
  - Épilogue ... 143

- Annexe ... 147

- Bibliographie ... 153

- Explicatifs des visuels ... 159

# Remerciements

Je tiens à remercier tout particulièrement, pour sa présence, ses précieux conseils et ses encouragements, Christian Jambet.

Pour leur aide à la réalisation ainsi que pour leur accompagnement patient et amical, Dominique Borie, Anne Sellier et Catherine Giudici.

Pour leurs conseils, leur soutien et leur amitié de toujours, Patrick Outil, Shirin Moasser et Miguel Sévilla.

Toute ma gratitude va à Geneviève Clancy, sans le courage de laquelle cet ouvrage n'aurait pas vu le jour. Qu'elle reçoive, d'où elle se trouve, l'expression de mes pensées les plus fidèles.

# Collection *Arts & Sciences de l'art*

Directeur de la collection : Costin Miereanu
Responsable de l'édition et de la communication : Anne Sellier
Cellule éditoriale : Myriam Blœdé, Laurence Helleu,
Conception graphique et maquette : Jean-Pierre Dubois
Mise en page : Érik Kocevar

*La collection* Arts & Sciences de l'art *reflète une vision interdisciplinaire « poly-artistique », seule, a priori, à pouvoir rendre compte de la complexité mouvante du phénomène artistique et à garantir une forme de pensée visant à un enrichissement progressif du concept d'Art.*

*Indépendamment de toute querelle de terminologie « science(s) de l'art » ou bien « approche(s) scientifique(s) des objets d'art » ?, la création artistique est pourtant porteuse de sa propre science qui est une forme de connaissance intuitive et inhérente à la technicité de son savoir ; cette science intrinsèque à l'art est irréductible à un quelconque modèle extra-artistique dérivé des sciences dures ou des sciences sociales.*

*Deux notions « patrimoniales » se trouvent ici revisitées : la « correspondance des arts » et les « sciences de l'art » expérimentales.*

*Aujourd'hui, dans le champ de l'esthétique des arts s'ajoutent deux nouvelles notions « pilotes » : la quête d'une transdisciplinarité et l'acception de l'art sous-tendu par sa science immanente.*

*Coordonnés avec les ouvrages de la collection* Arts & Sciences de l'art, Les Cahiers *prolongent cette même problématique sous la forme davantage multiforme d'un périodique où alternent des numéros thématiques et des numéros libres.*

*Sous le même titre « panoramique »* Arts & Sciences de l'art, *les ouvrages et* Les Cahiers *se proposent, d'une part, d'innover l'approche épistémologique des arts et d'autre part, de tenter une analyse de la création artistique avec ses techniques et technologies actuelles.*

# Dans la même collection

PIERRE FRESNAULT-DERUELLE
*Des images lentement stabilisées — Quelques tableaux d'Edward Hopper,* 1998

CHRISTIAN CHEYREZY
*Essai sur la représentation du drame musical — Wieland Wagner in memoriam,* 1998

GÉRARD PELÉ
*Le festin de l'ange,* 1999

JACQUELINE CHÉNIEUX-GENDRON, (sous la direction de)
*Patiences et silences de Philippe Soupault*
Textes réunis par Jacqueline Chénieux-Gendron et Myriam Bloedé, avec des inédits de Philippe Soupault, 1999

LUDOVIC CORTADE
*Antonin Artaud — La virtualité incarnée,* 2000

COSTIN CAZABAN
*Temps musical/espace musical comme fonctions logiques,* 2000

- LES CAHIERS ARTS ET SCIENCES DE L'ART, N° 1-2000
« *Les sciences de l'art en questions* »

JEAN LANCRI
*L'index montré du doigt — Huit plus un essais sur la surprise en peinture,* 2001

GÉRARD PELÉ
*Art, informatique et mimétisme,* 2002

FRANÇOIS DECARSIN
*La musique, architecture du temps,* 2002

JEAN-LOUIS LATAPIE
*La ballade des peintres — Braque, Bissière, Latapie,* 2003

BERNARD TEYSSÈDRE
*La vie invisible — Les trois premiers milliards d'années
de l'histoire de la vie sur terre,* 2003

RENÉ PASSERON
*Exclamations philosophiques suivies de Thèmes,* 2003

OLIVIER LUSSAC
*Happening & fluxus — Polyexpressivité et pratique
concrète des arts,* 2004

SYLVIE MAMY
*L'Allée de Mélisande — Les jardins et la musique,* 2004

XAVIER HASCHER
*Symbole et fantasme dans l'adagio du Quintette
à cordes de Schubert,* 2005

JEAN-MARC CHOUVEL
*Analyse musicale — Sémiologie et cognition des formes
temporelles,* 2006

XAVIER HAUTBOIS
*L'unité de l'œuvre musicale — Recherche d'une
esthétique comparée avec les sciences physiques,* 2006

PIERRE PALIARD
*L'ordre domestique — Mémoire de la ruralité dans
les arts plastiques contemporains en Europe,* 2006

ANDREA FABIANO
*À travers l'opéra — Parcours anthropologiques
et transferts dramaturgiques, XVIII$^e$-XX$^e$ siècle,* 2007

GÉRARD PELÉ
*Inesthétiques musicales,* 2008

LUDIVINE ALLEGUE
*La miniature chrétienne dans l'Espagne des trois
cultures — Le Beatus de Gerone,* 2008

EMMANUELLE ANDRÉE, CLAUDIA PALAZZOLO ET
EMMANUEL SIETY (sous la direction de)
*Des mains modernes — Cinéma, danse, photographie, théâtre*, 2008

MARTA GRABOCZ
*Musique, narrativité, signification — préface de Charles Rosen*, 2009

STEFANIA GUERRA LISI ET GINO STEFANI, FRANCESCO SPAMPINATO (traduction)
*Les styles prénatals dans les art et dans la vie*, 2009

BERNARD VECCHIONE ET CHRISTIAN HAUER (sous la direction de)
*Le sens langagier du musical — Sémiosis et hermenéia*, 2009

NICOLAS LAGOUMITZIS
*Cinq pianistes interprètent Beethoven — préface d'Olivier Revault d'Alonnes*, 2010

FRANÇOIS DECARSIN
*La modernité en question — Deux siècles d'invention musicale, 1781-1972*, 2010

## À paraître

- LES CAHIERS ARTS ET SCIENCES DE L'ART, N° 3
  « *Vers une musicologie de l'interprétation* »

FRANCESCO SPAMPINATO
*Debussy, poète des eaux — Métaphorisation et corporéité dans l'expérience musicale*

HÉLÈNE SINGER
*Expression du corps interne — La voix, la performance et le chant plastique*

Costin Miereanu
  *Écrits 1 — Interfaces du sonore et du visible*

Elvio Cipollone
  *Musica rhetoricans*

• Les Cahiers Arts et Sciences de l'Art, n° 2
  « *La musique au-delà des avant-gardes* »

**L'HARMATTAN ITALIA**
Via Degli Artisti 15
10124 Torino

**L'HARMATTAN HONGRIE**
Könyvesbolt ; Kossuth L. u. 14-15
1053 Budapest

**L'HARMATTAN BURKINA FASO**
Rue 15.167 Route du Pô Patte d'cie
12 BP 226
Ouagadougou 12
(00226) 50 37 54 36

**ESPACE L'HARMATTAN KINSHASA**
Faculté des Sciences Sociales,
Politiques et Administratives
BP243, KIN XI ; Université de Kinshasa

**L'HARMATTAN GUINÉE**
Almamya Rue KA 028
En face du restaurant le cèdre
OKB agency BP 3470 Conakry
(00224) 60 20 85 08
harmattanguinee@yahoo.fr

**L'HARMATTAN CÔTE D'IVOIRE**
M. Etien N'dah Ahmon
Résidence Karl / cité des arts
Abidjan-Cocody 03 BP 1588 Abidjan 03
(00225) 05 77 87 31

**L'HARMATTAN MAURITANIE**
Espace El Kettab du livre francophone
N° 472 avenue Palais des Congrès
BP 316 Nouakchott
(00222) 63 25 980

**L'HARMATTAN CAMEROUN**
Immeuble Olympia
Face à la Camair
Yaoundé
harmattancam@yahoo.fr

553637 - Janvier 2014
Achevé d'imprimer par